D. HILÁRIO MOSER

DISSE JESUS

SEMENTES DE EVANGELHO PARA SEU DIA A DIA

EDITORA SANTUÁRIO

COORDENAÇÃO EDITORIAL: Ana Lúcia de Castro Leite
COPIDESQUE: Luana Galvão
REVISÃO: Sofia Machado
PROJETO GRÁFICO E CAPA: Mauricio Pereira

Dados Internacionais de Catalogação na Publicação (CIP) de acordo com ISBD

M899d Moser, Hilário

Disse Jesus: sementes de Evangelho para seu dia a dia / Hilário Moser. - Aparecida : Editora Santuário, 2023.
136 p. ; 10,5cm x 17,5cm.

ISBN 978-65-5527-364-9

1. Religião. 2. Cristianismo. 3. Amorosidade. 4. Oração. 5. Espiritualidade. 6. Igreja. I. Título.

2023-2529 CDD 240
CDU 24

Elaborado por Vagner Rodolfo da Silva - CRB-8/9410

Índice para catálogo sistemático:
1. Religião : Cristianismo 240
2. Religião : Cristianismo 24

1ª impressão

Rua Pe. Claro Monteiro, 342 – 12570-045 – Aparecida-SP
Tel.: 12 3104-2000 – Televendas: 0800 - 0 16 00 04
www.editorasantuario.com.br
vendas@editorasantuario.com.br

SUMÁRIO

APRESENTAÇÃO

Nestas páginas você encontrará "sementes de Evangelho". São textos simples, sem artifícios literários, práticos, independentes um do outro. Você poderá abrir o livro ao acaso, ler esta ou aquela reflexão; não tudo de uma vez, como quem lê um livro de história ou um romance. O mais importante é ler com calma, refletir, aplicar o texto à própria vida e transformar o que se leu e meditou em oração: pois a resposta à Palavra de Deus é a oração. Semeie estas "sementes de Evangelho" em seu coração, aos poucos, dia por dia; e não deixe de semeá-las também no coração de seus amigos e amigas, com sua palavra, seu testemunho de vida e também lhes oferecendo de presente esta obra!

Limitei-me aos quatro Evangelhos, sem respigar em outros livros da Bíblia. Para satisfazer eventuais preferências, os textos são apresentados na ordem tradicional dos quatro Evangelhos: Mateus, Marcos, Lucas e João. Os textos de Marcos e Lucas são relativamente poucos, dado que em boa parte reproduzem o mesmo conteúdo de Mateus. De qualquer forma, você encontrará aqui "sementes de Evangelho" suficientes para um coração que procura ser terreno bom para a Palavra de Deus.

Confio estas humildes páginas à Mãe de Jesus, que, ao pé da cruz, a pedido de seu Filho, acolheu-nos a todos em seu coração.

O Autor

DO EVANGELHO
DE SÃO MATEUS

O PÃO E A PALAVRA

Disse Jesus: "O homem não vive somente de pão, mas de toda Palavra que sai da boca de Deus" (Mateus 4,4).

Essa foi a resposta de Jesus ao diabo que lhe propunha transformar as pedras em pão. Sim, o ser humano precisa de pão. Jesus nos ensinou a pedi-lo todos os dias ao Pai: "O pão nosso de cada dia nos dai hoje". "Pão" significa todo o alimento necessário para nossa vida, para que seja digna e o ser humano tenha condições de cumprir suas tarefas. Infelizmente, há também os que se alimentam demais, os que não pensam nos que passam fome... Muitos são também os que desperdiçam alimentos: diz-se e repete-se que corresponde a 30% todo o alimento desperdiçado por uma série de descuidos ou por falta de responsabilidade. Entretanto, além de alimentar o corpo, é indispensável alimentar o espírito. Para atender a esta necessidade, Deus nos oferece especialmente sua Palavra: ela está na criação inteira, nos acontecimentos da História e da vida particular de cada um; em particular, na Sagrada Escritura, na Tradição e no Magistério da Igreja; de forma admirável, na Eucaristia. Preste atenção ao que Deus lhe diz diariamente, alimente-se de sua Palavra, alimente-se de Deus!

OS VALORES DE JESUS

Escreveu São Mateus: "Naquele tempo, vendo Jesus as multidões, subiu ao monte e sentou-se. Os discípulos aproximaram-se, e Jesus começou a ensiná-los" (Mateus 5,1).

O que Jesus ensinou a eles? Ensinou-lhes as "Bem-aventuranças", ensinou-lhes os "valores" do Evangelho: pobreza, sofrimento, mansidão, busca da justiça, misericórdia, pureza de coração, perseguição por causa da justiça. Esses "valores" pregados por Jesus, em primeiro lugar, são seu próprio "retrato"; o avesso dos falsos valores propostos pelo mundo; o aperfeiçoamento da Lei de Moisés; a síntese de tudo o que Jesus pregará durante seu ministério, ou seja, a síntese do Evangelho. Aqui convido você a parar um pouco: pegue sua Bíblia, e leia, com calma, refletindo e rezando, Mateus 5,1-11. É o início do Sermão da Montanha, no qual Jesus, como novo Moisés, proclama as Bem-aventuranças, assim como Moisés, no deserto, proclamou os Mandamentos de Deus. As Bem-aventuranças, retrato de Jesus, deveriam ser também o nosso "retrato"; que pelo menos sejam para nós um "espelho", onde poderemos conferir até que ponto somos autênticos seguidores de Jesus.

O SAL E A LUZ

Disse Jesus: "Vós sois o sal da terra...Vós sois a luz do mundo... Brilhe vossa luz diante dos homens, para que vejam as vossas boas obras e louvem o vosso Pai, que está nos céus" (Mateus 5,13.14.16).

Os seguidores de Jesus devem ser "sal" para dar sabor ao mundo; devem ser "luz" para espantar as trevas do mundo, o que é fundamental para que o mundo creia e dê glória a Deus. Se o mundo vai mal, em parte é culpa de seus discípulos, que perderam a força do sal e deixaram que a luz do Evangelho se apagasse. Uma das tentações de hoje é o medo de destoar da sociedade, caso se procure dar testemunho do Evangelho. Com receio de ser apontado como "beato", "carola", há quem esconda sua identidade de cristão. Tempos idos, isso se chamava "respeito humano" (nada tem a ver com respeito dos direitos humanos). O respeito humano consiste na "vergonha" em aparecer diante dos outros como católico. Jesus disse: "Se alguém se envergonhar de mim e de minhas palavras, o Filho do Homem também se envergonhará dele quando vier na sua glória e na glória do Pai e dos santos anjos" (Lucas 9,26). Eu sou sal, sou luz para o mundo? Ou sinto vergonha de me apresentar como seguidor de Jesus?

O SOL DA BÍBLIA

Disse Jesus: "Não penseis que eu vim abolir a Lei e os Profetas. Não vim para abolir, mas para dar-lhes pleno cumprimento" (Mateus 5,17).

Na transfiguração de Jesus, ele apareceu ladeado por Moisés e Elias. Pode-se dizer que esse "trio" sintetiza o Antigo e o Novo Testamento. O Antigo prepara e anuncia o Novo, e o Novo cumpre as promessas e as profecias do Antigo: tudo em referência à pessoa de Jesus. Não tem sentido "escolher" passagens bíblicas de próprio interesse, especialmente no Antigo Testamento, insistir sobre elas como se fossem absolutas, independentes, ao passo que é preciso lê-las tendo diante dos olhos os acontecimentos do Novo Testamento. A Bíblia tem um "Sol", que é Jesus: Jesus é o "Sol" que ilumina e dá sentido a todo o Antigo Testamento, pois tudo o que o Antigo Testamento diz, de um modo ou de outro, refere-se ao Messias, a Jesus; por sua vez, Jesus é o "Sol" que ilumina todo o Novo Testamento, que mostra como a revelação do Antigo Testamento se realizou plenamente no Novo. Leia a Bíblia pondo Jesus no centro dela: não busque textos, tirando-os do contexto, para satisfazer ideias próprias ou os próprios interesses.

O REINO DOS CÉUS

Disse Jesus: "Se vossa justiça não for maior que a justiça dos mestres da Lei e dos fariseus, vós não entrareis no Reino dos Céus" (Mateus 5,20).

A "justiça" dos mestres da Lei e dos fariseus consistia na "observância das normas", que eram abundantíssimas. Ora, as "normas" são de ordem meramente "exterior"; muitas vezes o exterior não correspondia ao interior, e vice-versa. Perguntemos: isso só acontecia no tempo de Jesus? Sabemos que não. Nós mesmos, muitas vezes, podemos embocar por esse caminho da observância legal, sem a conversão interior, que é o que Deus leva em consideração. Entram no Reino de Deus somente os que se convertem, isto é, os que transformam o próprio coração, vivendo conforme as Bem-aventuranças, conforme o Evangelho de Jesus. Não pensemos que o Reino dos céus é só o paraíso, nossa morada eterna. Jesus disse: "O Reino de Deus já chegou até vós" (Lucas 11,20). O Reino de Deus, em primeiro lugar, é o próprio Jesus e todo o seu Evangelho. Portanto, é preciso esforçar-se para nele entrar, agora, durante esta vida, para depois usufruirmos de suas alegrias na eternidade. Que assim seja!

A RECONCILIAÇÃO

Disse Jesus: "Se, ao levares ao altar a tua oferenda, te lembrares de que teu irmão tem algo contra ti, deixa a tua oferenda lá diante do altar, vai primeiro reconciliar-te com teu irmão e, então, volta para apresentar a tua oferenda" (Mateus 5,23-24).

Observe que Jesus não disse "se você tem algo contra seu irmão", mas "se o seu irmão tem algo contra você"... Isso significa que cabe a você dar o primeiro passo, embora nada haja em seu coração contra o irmão irado. É uma exigência forte do amor fraterno, da caridade: onde ela percebe que há ruptura, corre a saná-la. Estamos bem longe da desculpa de sempre: "foi ele quem começou"; ou então: "se ele quiser, que venha falar comigo"; "para mim, esse cara não existe". Imagine se Deus tivesse tomado esta atitude para conosco... A reconciliação com os irmãos é uma das exigências básicas do Evangelho. São Paulo afirma: "Deus prova seu amor para conosco, pelo fato de que Cristo morreu por nós, quando ainda éramos pecadores" (Romanos 4,8). Nós nada tínhamos "contra Deus"; ele, sim, tinha muita coisa "contra nós", no entanto tomou a iniciativa de reconciliar-nos com ele.

AS OCASIÕES

Disse Jesus: "Se teu olho direito te causa escândalo, arranca-o e joga para longe de ti; pois é preferível perderes um de teus membros a teu corpo inteiro ser lançado à Geena" (Mateus 5,29).

Jesus é radical quando se trata de evitar o mal. Antigamente, na pregação e no Sacramento da Confissão, era frequente a recomendação: "fugir das ocasiões próximas de pecado". Nenhuma novidade, se a própria Palavra de Deus o ensina: "O coração obstinado findará na desgraça; quem ama o perigo nele perecerá" (Eclesiástico 3,27). Hoje, nem se sabe o que sejam "ocasiões próximas de pecado", precisamente quando estas aumentaram tanto. Pior ainda, é a própria noção de pecado que está desaparecendo, pois, quando desaparece o sentido de Deus, ninguém sente culpa de nada. Você pode perguntar: o que são as ocasiões próximas de pecado? Não é difícil responder e compreender: se eu sei que, fazendo tal ação, vendo tal coisa, frequentando tal lugar ou pessoa, acabo ofendendo gravemente a Deus, eu tenho a obrigação de evitar expor-me ao perigo de pecar. Não se trata de "normas", trata-se de dar ou não a Deus o meu amor: se de fato eu amo meu Pai, por que me exponho ao perigo próximo de ofendê-lo?

SIM E NÃO

Disse Jesus: "Eu vos digo: não jureis de modo algum... Seja o vosso sim, sim, e o vosso não, não. O que passa disso vem do Maligno" (Mateus 5,34.37).

"Jura?!" é uma expressão instintiva de muita gente, que a diz sem malícia. Nem sempre, porém, o juramento fica só em uma expressão impensada. Há quem faça juramentos até para empurrar ouvidos adentro uma mentira, pior ainda quando se trata de caluniar, prejudicar a boa fama de alguém... O juramento é um ato sagrado a ser feito somente em momentos importantes da vida e acarreta um compromisso a ser cumprido com retidão de intenção e decisão firme da vontade. O juramento é feito na presença de Deus, de quem, praticamente, se invoca o testemunho da verdade. Diz Deus: "Não jurareis falso por meu nome, profanando o nome do vosso Deus" (Levítico 19,12). Semelhante ao juramento deve ser o respeito por votos e promessas. "Se prometeres algo a Deus, não demores em cumprir. Não lhe agrada uma promessa insensata. O que tiveres prometido, cumpre-o. É muito melhor não prometer do que, depois da promessa, não cumprir o prometido" (Eclesiastes 5,3-4).

DAR O TROCO?

Disse Jesus: *"Ouvistes o que foi dito aos antigos: 'Olho por olho e dente por dente'. Eu, porém, vos digo: não ofereçais resistência ao malvado!"* (Mateus 5,38-39).

A lógica de dizer: elas por elas, vou dar o troco com a mesma moeda, não faz parte da "lógica de Jesus"; ele é bem radical quanto ao amor fraterno: "Pelo contrário, ao que te bater na face direita, oferece-lhe também a outra!... Se alguém te obrigar a acompanhá-lo por mil passos, caminha dois mil com ele!" (Mateus 5,39.41). Você pode dizer que, para agir assim, é preciso heroísmo. É verdade, mas é nessa direção que Jesus nos convida a caminhar. Além do mais, ele deu exemplo, quando pediu pelos que o crucificavam... O fato é que, na vida do dia a dia, aparecem muitas oportunidades pequenas em que a "lógica de Jesus" pode e seria bom que fosse aplicada: há mil oportunidades de a gente sentir a tentação de apelar para o provérbio dos antigos: "Olho por olho, dente por dente". Jesus recomenda até mais: "Dá a quem te pedir, e não vires as costas a quem te pedir emprestado" (Mateus 5,42). Em síntese: podendo ajudar, não digamos que não dá, mesmo que seja com algum esforço. A vida é feita de detalhes, a caridade também.

PEQUENOS GESTOS

Disse Jesus: "Dá a quem te pedir e não vires as costas a quem te pede emprestado" (Mateus 5,42).

Em outras palavras, o Evangelho pede que, podendo, não recusemos a ninguém nossa ajuda, mesmo que isso nos custe um pouco. Jesus desce a detalhes que nem sempre são tão simples, quando diz: "Ao que te bater na face direita, oferece-lhe também a outra! Ao que quiser te processar para tomar tua túnica, dá-lhe também o manto! Se alguém te obrigar a acompanhá-lo por mil passos, caminha dois mil com ele!" (Mateus 5,39-41). A beleza e a grandeza da vida são feitas de detalhes: um gesto, um "sim", um sorriso, um pequeno serviço, ouvir com paciência, suportar um incômodo, enfim, um mundo de pequenas coisas que, sem grandes sacrifícios, podemos fazer, mas que, às vezes, acabamos recusando porque nos tiram de nosso comodismo. Na vida, se formos esperar as grandes oportunidades para fazer alguma coisa de "grande", corremos o risco de passar a vida inteira sem nunca praticar o amor fraterno, pois as situações heroicas são muito raras. Sob a forma de quem precisa de um pequeno gesto, muitas vezes – ou sempre –, é Jesus quem está precisando de ajuda.

AMOR EXIGENTE

Disse Jesus: "Amai os vossos inimigos e rezai por aqueles que vos perseguem. Assim vos tornareis filhos do vosso Pai, que está nos céus" (Mateus 5,44-45).

Alguém pode dizer: amar os inimigos, jamais! No entanto é isso que Jesus pede; e disso ele deu exemplo ao ser pregado na cruz: "Pai, perdoa-lhes, pois não sabem o que fazem" (Lucas 23,34). Não há dúvida de que é difícil, mas é o caminho. Em termos práticos, quando você estiver com raiva, rancor, ódio no coração, coloque-se diante do Sacrário, fique em silêncio, não diga nada, tome consciência de que está diante de Jesus vivo... Vai ser muito difícil, depois de certo tempo, não conseguir perdoar, não conseguir rezar por quem lhe causou tanto sofrimento, por quem o ofendeu... Experimente! E note o que Jesus disse: "Assim vos tornareis filhos do vosso Pai, que está nos céus". "Assim", quer dizer, esse é o jeito para nos tornar-nos filhos de Deus. O que é muito compreensível: dado que Deus é Amor, que fomos criados pelo Amor e para o Amor, para ser filho do Amor, que é Deus, não há outra solução senão aprender a amar. Vá treinando: as pequenas ocasiões são muitas; a seu tempo podem chegar as grandes...

A PERFEIÇÃO

Disse Jesus: "Sede perfeitos como vosso Pai celeste é perfeito" (Mateus 5,48).

O Pai celeste é perfeito porque é justo, não faz distinções, "faz nascer seu sol sobre maus e bons e faz descer a chuva sobre justos e injustos" (Mateus 5,45). Em outras palavras: o Pai trata seus filhos sempre da mesma forma, com igual amor, sem acepção de pessoas. Em nosso caso de criaturas, não que seja indiferente sermos bons ou maus, justos ou injustos, mas, enquanto houver esperança de conversão, a caridade será sempre o melhor remédio: quantos se converteram ao serem objeto de um ato de caridade! A perfeição do Pai celeste é o amor sem medida. O evangelista São Lucas diz o mesmo, com palavras mais enternecedoras: "Sede misericordiosos como vosso Pai é misericordioso" (Lucas 6,36). A misericórdia é um amor que se assemelha ao amor de mãe: brota das entranhas! São Paulo recomenda aos Efésios (5,1): "Sede imitadores de Deus, como filhos amados, e vivei no amor, como também Cristo nos amou e se entregou por nós como oferta e sacrifício de suave odor". É difícil toda essa "perfeição"? Fácil não é, mas o bom discípulo de Jesus pelo menos se esforça por imitar o próprio Pai!

A VAIDADE

Disse Jesus: "Ficai atentos para não praticar a vossa justiça na frente dos homens só para serdes vistos por eles" (Mateus 6,1).

A vaidade! Uma das rainhas do mundo! "Vaidade das vaidades, tudo é vaidade" é uma expressão famosa e muito usada, extraída do Livro do Eclesiastes (1,2), que chama nossa atenção: olhando bem, tudo neste mundo é transitório, tudo passa! A vaidade é uma atitude muito "sutil": ela consegue infiltrar-se até em meio às coisas mais santas. Quando menos percebemos, lá está ela em um cantinho, provocando em nós aquela satisfação de que nos damos conta, mas que espertamente escondemos dos outros, para não prejudicar nossa fama de gente inteligente ou humilde... Sem dúvida, o diabo sabe aproveitar-se bem dessa nossa inclinação. E nós, muitas vezes sem intenção, menos ainda sem malícia, acabamos aceitando o convite para a dança... e lá vamos com os passos dele. Por isso, creio que vale a pena pôr-nos com frequência diante de Deus e renovar nossa reta intenção em tudo o que fazemos, fechando a porta à entrada da vaidade. Como um amigo bispo me disse: "Os elogios são para Deus", autor de todos os dons.

A ORAÇÃO

Disse Jesus: "Quando orardes, não useis muitas palavras, como fazem os pagãos" (Mateus 6,7).

Nem sempre orações são verdadeira "oração". A oração autêntica é feita pelo coração, não tanto pela boca, embora a oração autêntica também possa e, às vezes, deva ser traduzida em palavras; mas palavras sem o coração serão "orações", não, porém, "oração". Como ensinava Santa Teresa d'Ávila, a oração consiste em "elevar o coração a Deus", ou seja, consiste em um "ato de amor ao Pai". Podemos manter o coração unido ao Pai sem pronunciar palavras, durante nossos trabalhos, enfim, em qualquer ocasião. Nem precisa que seja cem por cento consciente: depois de uma "elevação do coração" feita conscientemente, ela pode manter-se como que em segundo plano, e nós nos dedicarmos a nossos trabalhos normalmente. No fundo, tudo é feito "por amor ao Pai", com o coração voltado a Ele: isso é oração. As "orações" vocais são necessárias, sem dúvida: em particular ou em comunidade, são indispensáveis, mas, se não ressoarem dentro do coração, serão "orações", não "oração".

O PAI-NOSSO

Disse Jesus: "Vós, portanto, orai assim: Pai nosso, que estás nos céus... livra-nos do mal" (Mateus 6,9-15).

Magnífica e completa é a oração que Jesus ensinou a todos nós a pedido dos apóstolos. Começamos chamando Deus de "nosso Pai". Mas, onde está nosso Pai? Nos céus! Ora, o céu... é aqui, está dentro de nós, pois somos templo da Santíssima Trindade. Por que duvidar? Depois de invocar nosso Pai, antes de tudo, queremos "santificar seu Nome". Que quer dizer? Quer dizer dar glória a Deus, simplesmente por ele ser Deus, por ser Amor. Em seguida, pedimos que "venha a nós seu Reino" de Amor, que se estabeleça em nosso coração; assim será fácil cumprir "sua vontade", da maneira como a cumprem os santos do céu. Essa primeira parte da oração, ensinada por Jesus, refere-se toda a Deus. A segunda parte refere-se a nós: é hora de pedir o pão de cada dia, que também é o Pão da Eucaristia; de pedir o perdão dos pecados, com o compromisso de também nós perdoarmos aos outros; de não ficarmos sozinhos na hora da tentação; de sermos livres de todo tipo de mal. Assim seja! Tudo está dito nessa oração. Será preciso inventar uma "nossa", porque seria mais "bonita" que a de Jesus?

MEUS TESOUROS

Disse Jesus: "Não ajunteis tesouros para vós, aqui na terra, onde a traça e a ferrugem destroem e os ladrões arrombam e roubam" (Mateus 6,19).

Pobre coração humano! Foi feito para ser de Deus e dos irmãos, mas ele se sente insaciável diante do ouro, da prata, das joias, da posse de qualquer tipo de coisas. Por que será? Uma coisa é viver honesta e decentemente; outra coisa é acumular bens, simplesmente para se sentir bem, para se sentir melhor e maior do que os outros, para satisfazer a vaidade ou aquela vontade de comprar só pelo prazer de comprar... As lojas de um *shopping*: que tentação! Muitas vezes não se precisa de nada do que está lá... mas a mão escorrega em busca do cartão de crédito... Jesus fala de "ajuntar tesouros"... "Tesouro" pode ser qualquer coisa que não vale nada, mas à qual apegamos nosso coração. Aliás, como isso é comum: ah, isso aqui é "de estimação", não posso ceder... Pobre coração humano, às vezes, escravo de uma bugiganga!... Eis o que Jesus recomenda: "Ajuntai-vos tesouros no céu, onde a traça e a ferrugem não destroem, e os ladrões não arrombam nem roubam. Onde estiver o teu tesouro, aí estará também o teu coração" (Mateus 6,20-21).

O CORAÇÃO

Disse Jesus: "Onde está teu tesouro, aí estará também o teu coração" (Mateus 6,21).

Como isso é verdade! Nós somos o que é nosso coração! Tudo o que está dentro dele faz com que sejamos o que somos, como somos, para quem somos. Lembro-me de ter lido um livro, cujo autor dizia que, muitas vezes, não sabemos até que ponto o Reino de Deus de fato se estende a todo o "território" de nosso coração ou só a uma parte dele; a outra parte, seria do mundo... Nesse caso, nosso coração vai sendo dividido em pedaços, e o Reino de Deus vê-se obrigado a retirar-se a um cantinho sempre mais apertado. O coração tem a capacidade de acolher todos os amores: do amor a Deus ao amor das pessoas e dos animais, até o amor a uma bugiganga qualquer. O coração pode tanto dominar-nos completamente ou libertar-nos de todas as amarras. Será que confessamos isso no Sacramento da Penitência ou nos limitamos a elencar uma série de pequenas ou grandes "faltas", enquanto o coração como tal continua "pecador" e distante de Deus? Peçamos com o Rei Davi: "Cria em mim um coração puro, ó Deus, e renova em minhas entranhas um espírito resoluto" (Salmo 50,12).

O DINHEIRO

Disse Jesus: "Não podeis servir a dois senhores... Não podeis servir a Deus e ao 'Dinheiro'" (Mateus 6,24).

A divisão interior do coração humano é uma verdadeira tragédia. A dúvida, a insegurança, a indecisão... deixam qualquer pessoa em situação muito desconfortável. Imaginemos o desconforto de quem, ao mesmo tempo, quer servir um pouco a Deus, um pouco a si mesmo, um pouco – ou muito! – ao "dinheiro" (que é considerado senhor do mundo, por isso identificado com Satanás), um pouco a qualquer outra pessoa ou coisa que se julgue importante ou necessário servir. O coração de uma pessoa assim fica "picado" em pedaços: como ela pode amar sinceramente, doar-se a alguém ou a Deus? Em particular, o dinheiro para certas pessoas possui uma espécie de atração irresistível, a ponto de, apesar da grande quantidade que elas têm, quererem sempre mais, só pelo desejo de ter mais, o que é verdadeira escravidão. Na hora da morte, deve ser um tormento ter de abandonar tudo. Sem falar que, ainda em vida, o dono do dinheiro, ao envelhecer, já percebe nas conversas que parentes e amigos começam a discutir com quem ficará tudo aquilo. Uma coisa é certa: não irá no caixão...

O REINO

Disse Jesus: "Não fiqueis preocupados quanto a vossa vida... Buscai primeiro o Reino de Deus e sua justiça, e todas essas coisas (comer, beber, vestir...) vos serão dadas por acréscimo" (Mateus 6,24.33).

Alguém pode argumentar: por que, então, há gente que morre de fome? Essa pergunta não deve ser feita a Deus, deve ser feita aos que, dispondo de grandes meios, poderiam alimentar os famintos do mundo inteiro. "Dai-lhes vós mesmos de comer" (Marcos 6,37), disse, um dia, Jesus aos apóstolos diante de uma multidão faminta. Eis a solução: a partilha! A Providência Divina age por meio de nós quando partilhamos alguma coisa com quem tem menos do que nós. Sem dúvida que, se tivéssemos realmente a preocupação de "buscar primeiro o Reino de Deus e sua justiça", se houvesse esse tipo de confiança no Pai celeste, não haveria pobres e famintos no mundo. Os responsáveis pela pobreza e pela fome são os próprios seres humanos, que, com frequência, tomam atitudes que são precisamente o "avesso" da Providência Divina. Isso vale para todos nós, mesmo que sejamos donos de muito pouca coisa. Por sinal, em geral, os que menos têm são os mais generosos e os que mais se dispõem a partilhar.

O CISCO NO OLHO

Disse Jesus: "Por que reparas no cisco no olho do teu irmão, e a trave no teu próprio olho não percebes?" (Mateus 7,3).

Antigamente, havia um provérbio que dizia: “O roto ri do rasgado, e o sujo, do mal-lavado”. Diz-se também que, quando apontamos o dedo acusando alguém, os outros dedos se voltam contra nós, acusando a nós. Há pessoas que são “especialistas” nisso: por mais bem-feito que seja um trabalho, conseguem encontrar um aspecto negativo, às vezes, uma coisinha de nada, que é a primeira a ser comentada... Parece que sentem prazer em descobrir o erro, não sentem alegria em apreciar o verdadeiro ou o belo e o bom. Sem dúvida, nossa tendência ao julgamento alheio é uma das marcas mais profundas do pecado original: julgamos o exterior, julgamos também o interior; pior ainda, julgamos as intenções do coração das pessoas, interpretamos até seus pensamentos mais íntimos... Em uma comunidade, em que este modo de agir se torna comum, em pouco tempo está criado o inferno. Disse Jesus: “Não julgueis, e não sereis julgados, pois com o julgamento com que julgardes, sereis julgados, e com a medida com que medirdes, se medirá para vós” (Mateus 7,1-2).

INSISTÊNCIA

Disse Jesus: "Se vós, que sois maus, sabeis dar coisas boas aos vossos filhos, quanto mais vosso Pai que está nos céus dará coisas boas aos que lhe pedirem!" (Mateus 7,11).

Qual é o pai ou a mãe que não se sente feliz quando a criancinha lhe pede alguma coisa? Por quê? Porque pedir é um ato de confiança, é um pedido de amor, e os pais não resistem, acabam atendendo. Quanto mais verdadeiro é esse jogo de amor em relação ao Pai celeste! Jesus diz: "Pedi e vos será dado, procurai e encontrareis, batei e a porta vos será aberta. Todo aquele que pede recebe; quem procura encontra; e para quem bate a porta será aberta" (Mateus 7,7-8). Insistir é parte integrante da oração. Pedir, orar, suplicar... tudo é sinônimo de confiança, e isso comove o coração de Deus. Evidentemente, nossos pedidos não podem referir-se a coisas más; Jesus fala de "coisas boas" dadas aos filhos. São Lucas, ao reproduzir essa recomendação de Jesus, modifica o final, dizendo: "Quanto mais o Pai do céu dará o Espírito Santo aos que lhe pedirem!" (Lucas 11,13). Ora, dentre as coisas boas deste e do outro mundo, o Espírito Santo é realmente a melhor! É dessa "coisa boa" de que mais precisamos! Vamos pedi-la com confiança!

SÍNTESE

Disse Jesus: "Tudo quanto quereis que os outros vos façam, fazei-o também vós a eles. Esta é a Lei e os Profetas" (Mateus 7,12).

Essas palavras podem ser consideradas a síntese de todo o Sermão da Montanha; como diz o próprio Jesus, elas são a síntese da Lei e dos Profetas. Traduzem, de forma quase natural, a lei do amor fraterno: se eu quero ser tratado desta ou daquela maneira, por que não trato assim meus irmãos e minhas irmãs? Um defeito nosso é o de esperarmos que os outros deem o primeiro passo, caso contrário, nada se faz; ou, então, o de definir nosso comportamento pelo dos outros: se todos fazem assim, eu também faço. O discípulo de Jesus não fica parado, esperando os outros; ele dá o primeiro passo, toma a iniciativa, quebra o gelo... um sorriso, uma delicadeza, um gesto de simpatia... Aprendi de um santo homem que a melhor maneira de acalmar uma pessoa que está irritada conosco é pedir-lhe um favor, uma pequena ajuda. Essa atitude humilde faz com que veja que nada temos contra ela e mostramos que para nós ela é importante, a ponto de pedirmos sua ajuda. Experimente... escolha um momento oportuno.

A PORTA ESTREITA

Disse Jesus: "Como é estreita a porta e apertado o caminho que conduz à vida, e poucos são os que o encontram!" (Mateus 7,14).

Em contraposição, Jesus diz que "larga é a porta e espaçoso o caminho que leva à perdição" (Mateus 7,13). Não se assuste, mas também não deixe de levar muito a sério a palavra de Jesus. A prova de que o pecado não é brincadeira está na cruz de Cristo. Nunca contemplamos e meditamos suficientemente os sofrimentos, as chagas infligidas a Jesus em sua Paixão. Tente pôr-se em seu lugar para "experimentar" a dor e a angústia que ele enfrentou naquela hora. Tudo para que nós emboquemos pelo caminho apertado e entremos pela porta estreita, "que conduz à vida". Que vida? A vida do Reino, a vida divina, a vida eterna. Você pode dizer: Eu recebi o Batismo, isso não basta? Basta se você procurar ser coerente com ele. No Batismo, você não renunciou a Satanás e a suas obras? O Diabo é que abre uma "porta larga" e um "caminho espaçoso". Cristo, o Caminho, diz: "Se alguém quiser vir após mim, negue-se a si mesmo, tome sua cruz e siga-me" (Mateus 16,24). O "caminho" que leva ao Calvário e à Ressurreição é "apertado"...

OS FRUTOS

Disse Jesus: "Cuidado com os falsos profetas... Por seus frutos os conhecereis" (Mateus 7,15.16).

O mundo está cheio deles. Há alguns também dentro da Igreja... Não se entusiasme facilmente só porque falam bem, porque são bonitos e simpáticos... Vá com calma. Espere pelos frutos. Aí você verá quem é quem. Muitas vezes os culpados somos nós mesmos, porque vamos à procura de quem diga o que "nós gostaríamos de ouvir". Nesse caso, suas palavras caem como gotas de mel na boca, despertam doces emoções no coração, são espetáculo para os olhos e música para os ouvidos. Enquanto isso, o falso profeta arranca do coração nossa fé e do bolso nosso dinheirinho. Fiquemos atentos. Como defender-nos dos falsos profetas? O verdadeiro profeta é humilde, simples, desapegado, verdadeiro, sincero. Ele deixa transpirar de todo seu comportamento a piedade, o amor para seu Deus, seu espírito de oração, sua misericórdia para com os que pecaram... São os "frutos" de que Jesus fala. Esse é o critério para discernir o verdadeiro do falso profeta. E tem mais: não esqueça que, pelo Batismo, você também foi constituído "profeta", isto é, anunciador de Deus, de Jesus Cristo, de seu Evangelho. Como são seus frutos?

A ÁRVORE

Disse Jesus: "Toda árvore boa produz frutos bons, e toda árvore má produz frutos maus" (Mateus 7,17).

Essa passagem do Evangelho é um convite sério a um exame de consciência. Jesus ainda disse: "Se a árvore for boa, o fruto será bom; se a árvore for má, o fruto será mau. É, portanto, pelo fruto que se conhece a árvore... Quem é bom tira coisas boas de seu bom tesouro, mas quem é mau tira coisas más de seu mau tesouro" (Mateus 12,33.35). Todos conhecemos nossos defeitos principais, nossas misérias, nossas lacunas; conhecemos a árvore que somos. A constatação dos maus frutos, todavia, não pode ser motivo de desânimo, pois, em última análise, nós não somos árvores, somos pessoas e sempre podemos modificar nosso modo de ser. É isto que Jesus espera de nós: que de árvores más nos transformemos em árvores boas. Esse processo chama-se "conversão". Toda a nossa vida deve ser assinalada por um processo de "conversão". A nossa frente, caminha Jesus, que nos levanta quando caímos; contamos também com a força do Espírito Santo, que nos ilumina para seguirmos pelo melhor caminho. Assumamos o compromisso de uma contínua conversão e veremos os frutos bons amadurecerem.

O JULGAMENTO

Disse Jesus: "Vós sereis julgados com o mesmo julgamento com que julgardes e sereis medidos com a mesma medida com que medirdes" (Mateus 7,20).

Como é difícil não julgar os outros! Os olhos e os ouvidos levam para dentro de nós muitas impressões das pessoas, que logo são submetidas a julgamento, e o veredicto não demora a sair pela boca e a materializar-se em atitudes... Sob certo aspecto, esse processo é até natural, mas Jesus nos alerta quanto aos perigos que o julgamento dos outros envolve, porque as "intenções" do coração das pessoas escapam a nossos olhos e a nossos ouvidos. Só Deus conhece realmente o coração humano, por isso somente ele pode ser o juiz de cada coração. "O Senhor não vê como o homem: o homem vê a aparência, Deus vê o coração" (1 Samuel 16,7): foi o que Deus disse ao profeta Samuel quando foi a Belém para sagrar Davi como rei de Israel. Por isso, acolhamos o conselho de Antoine de Saint-Exupéry, autor do livro "O Pequeno Príncipe": "Só se vê bem com o coração, o essencial é invisível a nossos olhos". Também o papa Bento XVI dizia que é preciso "olhar com os olhos do coração".

PALAVRAS SÃO PALAVRAS

Disse Jesus: "Nem todo o que me diz: 'Senhor! Senhor!' entrará no Reino dos Céus, mas só aquele que faz a vontade de meu Pai, que está nos céus" (Mateus 7,21).

São Tiago diz: "A fé sem obras é morta" (Tiago 2,26). A oração que não se traduz em vida de acordo com o Evangelho é uma oração que fica pela metade. A oração verdadeira, a que sobe aos céus como a voz de filhos ao Pai, sempre leva a viver de acordo com a vontade de Deus. Portanto, não basta gritar "Senhor! Senhor!": Deus não ouve, se você não pratica os Mandamentos, não procura viver o Evangelho. Inclusive, vale lembrar aqui outra palavra de Jesus a respeito da maneira como se reza, palavras muito oportunas para os dias de hoje, quando certos tipos de "espiritualidade" levam a multiplicar ao infinito palavras e mais palavras: "Quando orardes, não useis de muitas palavras como fazem os pagãos, pois eles pensam que à força de muitas palavras serão atendidos. Não sejais semelhantes a eles, pois vosso Pai sabe do que precisais, antes de lhe pedirdes" (Mateus 7,7-8). Deus presta mais atenção a nosso coração do que a nossos lábios: se o coração está distante de Deus, de que adianta gritar: "Senhor! Senhor!"?

MINHA CASA

Disse Jesus: "Todo o que ouve minhas palavras e as põe em prática é como um homem sensato, que construiu sua casa sobre a rocha" (Mateus 7,24).

O homem sem juízo constrói sobre a areia: a desgraça já está anunciada... Desde a criação do mundo, Deus fala ao ser humano que ele fez à sua imagem e semelhança e que adotou como filho e o resgatou com a morte de seu próprio Filho. Ora, a Deus, que é Pai e que fala a seus filhos, é preciso prestar atenção e empenhar-se em colocar suas palavras em prática. Quem fizer assim construirá a própria "casa" (a vida) sobre uma rocha firme, não sobre a areia... Aquela breve invocação do Pai-Nosso: "Seja feita a vossa vontade" deve ser a estrela da vida do filho de Deus, o refrão a ser repetido indefinidamente, pois na vontade de Deus está, inclusive, a total felicidade. O mesmo Pai-Nosso não acrescenta, depois de falar do cumprimento da vontade de Deus, que ela seja cumprida "assim na terra como no céu"? Ora, no céu, morada da felicidade, não há quem destoe da vontade divina: lá é só felicidade. Você já será feliz também aqui na terra, se praticar a Palavra de Deus; assim sua casa será firme como a rocha que lhe serve de alicerce.

A CURA

"Aproximou-se um leproso, que se prostrou diante dele, dizendo: 'Senhor, se queres, podes purificar-me'. Jesus estendeu a mão, tocou nele e disse: 'Eu quero, fica purificado'. E imediatamente ficou purificado da lepra" (Mateus 8,2-3).

Imagine se Jesus não queria! Ele, que veio para curar em primeiro lugar a ferida do pecado e depois libertar-nos de suas consequências! Todavia, a missão de curar os males materiais ou psíquicos não foi a missão principal de Jesus: ele fez muitas curas, não fez todas, e as que fez sempre visavam ser "sinais" de uma cura mais profunda, a cura do "coração". Nem por isso devemos desistir de pedir a cura de nossos males, sejam quais forem. No episódio que meditamos, admiramos duas atitudes: a do leproso, pela confiança, e a de Jesus, pela prontidão em conceder a cura. Em todo pedido a Deus, é fundamental a confiança. Jesus disse: "Tudo o que pedirdes na oração, crede que já o recebestes e vos será concedido" (Marcos 11,24). Pedir, desconfiando, é até uma ofensa... Deus fará até um milagre para nos curar; nem sempre, porém, Ele o faz, pois sabe muito bem providenciar o que for "melhor" para nós, conforme sua sabedoria.

NOSSAS DORES

Escreveu São Mateus: Jesus "assumiu nossas enfermidades e carregou nossas doenças" (Mateus 8,17).

Essas palavras do profeta Isaías (53,4), citadas pelo evangelista São Mateus, cumpriram-se ao pé da letra em Jesus. Quando ele quis ser batizado por João Batista, ao mergulhar nas águas do rio Jordão, de certa forma mergulhou no mar de nossos pecados e os carregou sobre si. Nossos pecados estavam representados também na cruz que Jesus tomou a suas costas, aceitando ser pregado nela e morrer. Conta-se que, um dia, Santa Teresa de Ávila, ao caminhar pelo convento, bateu os olhos em um busto de Jesus coroado de espinhos. Escreveu ela: "Representava de modo tão impressionante um Cristo coberto de chagas, que logo ao primeiro olhar me senti perturbada com a lembrança do que por nós sofreu. Meu coração despedaçou-se de remorsos ao pensar na minha ingratidão para com aquelas chagas. Lancei-me de joelhos diante dele e, a chorar, supliquei-lhe que me fortificasse de uma vez para sempre, de modo a nunca mais o ofender". De fato, "pelas suas chagas fomos curados" (Isaías 53,5). Essas palavras será que nada dizem a mim? É sempre tempo de aliviar os ombros de Jesus...

A MISERICÓRDIA

Disse Jesus: "Aqueles que têm saúde não precisam de médico, mas sim os doentes. Aprendei, pois, o que significa: 'Quero misericórdia e não sacrifício'. De fato, eu não vim chamar os justos, mas os pecadores" (Mateus 9,12-13).

Os fariseus, perpétuos opositores de Jesus, eram rigorosos cumpridores das normas da Lei e da liturgia do templo, por isso a fumaça de seus sacrifícios não parava de subir aos céus. Deus, porém, preferia a misericórdia aos sacrifícios: "Quero misericórdia e não sacrifício" (Oseias 6,6). Diante de Deus, o que vale é o coração; em outras palavras, que as atitudes externas correspondam de fato ao que vai no coração, particularmente no campo do amor, do perdão, da misericórdia. Como bem lembrou o papa Francisco: "Misericórdia é o nome de Deus". Dado que nós, seus filhos e suas filhas, fomos criados a sua imagem e semelhança, se não tivermos misericórdia para com os irmãos e as irmãs, a imagem de Deus em nós fica desfigurada. Além disso, como vamos nos justificar perante o Juiz Supremo que, na última prova da vida, nos questionará sobre o amor, como afirmou São João da Cruz: "No entardecer da vida, seremos julgados sobre o amor?"

A VOCAÇÃO

Disse Jesus: "A messe é grande, mas os trabalhadores são poucos. Pedi ao dono da messe que envie trabalhadores para a sua colheita" (Mateus 9,37-38).

A questão fundamental quanto às vocações está ligada à "oração". Onde e quando se reza, não faltam vocações autênticas. É clássica a vocação do profeta Samuel. Durante o sono, ouve o chamado de Deus por três vezes. Ele responde prontamente: "Estou aqui! Fala, Senhor, que teu servo escuta!" A vocação, o chamado, deve vir de Deus. Da parte do ser humano, o que deve haver é a constante atenção ao que Deus pode dizer: isto se chama "oração", isto é, estar de corpo e alma voltado para Deus, em qualquer tempo e lugar. O papa Paulo VI dizia que, a respeito da vocação, Jesus só tinha indicado uma coisa: que é preciso "rezar". É evidente que, ao mesmo tempo, é preciso também selecionar, acompanhar e formar os candidatos. Mas, se faltar a oração, nada feito. Reze pelas vocações: o mundo precisa delas; sem elas, a luz do Evangelho se extingue.

OS LOBOS

Disse Jesus: "Eis que vos envio como ovelhas no meio de lobos. Sede, portanto, prudentes como as serpentes e simples como as pombas" (Mateus 10,16).

Ovelhas no meio de lobos: que imagem trágica! Foi assim mesmo que aconteceu e que acontece também em nossos dias. Os anunciadores de Cristo, hoje, em muitos lugares são perseguidos e mortos... porque Cristo está sendo rejeitado. Seus missionários/ovelhas, muitas vezes, pregam o Evangelho em meio a verdadeiros lobos. O conselho de Jesus tem dupla faceta: a esperteza das serpentes e a simplicidade das pombas. Ele mesmo aconselhou seus apóstolos: "Quando vos perseguirem numa cidade, fugi para outra" (Mateus 10,23). Salvar a própria vida faz parte da vida... Por outro lado, a simplicidade das pombas deve ser o distintivo do missionário. Não se anuncia o Evangelho como quem atira pedras; a Verdade deve ser oferecida como um dom, não como um explosivo... Se, apesar da esperteza, o missionário for sacrificado, será para a maior glória de Deus. Tertuliano, escritor cristão que viveu entre os séculos II e III, afirmou: "O sangue dos mártires é semente de novos cristãos". Nos planos de Deus tudo tem sentido.

A PROVIDÊNCIA

Disse Jesus: "Não se vendem dois pardais por algumas moedas? No entanto nenhum deles cai no chão sem o consentimento do vosso Pai. Quanto a vós, até os cabelos da cabeça estão todos contados. Não tenhais medo! Vós valeis mais do que muitos pardais" (Mateus 10,29-31).

A Divina Providência! Nada escapa das mãos do Pai: ele não deixa sem alimento os pardais e sabe quando cai um cabelo de nossa cabeça. Nós nos preocupamos, ficamos angustiados, excogitamos estratagemas, estressamo-nos por nada. Os santos confiavam de verdade na Providência Divina. Se observarmos bem, mesmo em nossa vida, sem sermos santos de altar, quanta coisa já aconteceu que, no momento, alterou nossa calma, depois, com serenidade, pudemos concluir: foi providencial que assim fosse. Não só: o ar, que respiramos, o sol, que nos aquece e ilumina, a chuva, que rega nossa terra e faz germinar as sementes, as estações do ano..., tudo é Providência. E não reparamos, não nos damos conta, não agradecemos. Tente fazer um inventário de tudo isso em sua vida: você verá que a mão de Deus interveio muito mais do que podia imaginar. E agradeça. O Pai nunca abandona seus filhos.

O "RESPEITO HUMANO"

Disse Jesus: "Todo aquele que se declarar a meu favor diante dos homens, também eu me declararei em favor dele diante do meu Pai, que está nos céus" (Mateus 10,32).

Este é o advogado que temos no céu: Jesus! A Carta aos Hebreus nos garante que "ele vive intercedendo por nós" (Hebreus 7,25). Mas a "defesa" de Jesus em nosso favor, perante o Pai, dependerá da "defesa" que fizermos dele diante dos homens. Sim, porque pode acontecer – e acontece! – que, diante dos outros, sintamos vergonha de sermos discípulos de Jesus e acabemos por esconder-nos atrás de nosso medo. A impressão que se tem é que muitos cristãos se sentem cada vez mais intimidados em viver socialmente a própria fé. Em outros tempos, isso se chamava "respeito humano". Essa expressão nada tem a ver com respeitar as pessoas: simplesmente significa a vergonha de mostrar-se cristão, de ser católico. A expressão mudou de nome, mas a realidade existe até hoje, e pode muito bem ser que nós também nos deixemos levar pelo "respeito humano", ao passo que deixamos Cristo sozinho... Como Ele pode declarar-se a nosso favor diante do Pai, se nós não temos coragem de declarar-nos a favor dele perante os homens?

A PAZ E A GUERRA

Disse Jesus: "Não penseis que eu vim trazer a paz à terra; não vim trazer a paz, mas sim a espada. De fato, vim separar o filho de seu pai, a filha de sua mãe, a nora de sua sogra. E os inimigos do homem serão os seus próprios familiares" (Mateus 10,34-36).

Tudo isso acontece realmente. Às vezes, na mesma família, há quem seja por Jesus Cristo, outros por Buda, um terceiro por Maomé... Em outras palavras, Jesus se propõe como "absoluto" pelo fato de ser Deus em carne humana. Sendo assim, ele é posto como divisor de águas, ponto supremo de referência. O que trará como consequência divisão dentro de uma mesma família, oposição, rejeição, até perseguição. Disso tudo resulta que é verdade o que Jesus afirma: "os inimigos do homem serão seus próprios familiares". Quando Jesus foi apresentado ao Pai no templo de Jerusalém, o velho Simeão profetizou: "Este [Menino] é destinado a ser causa de queda e de reerguimento de muitos em Israel, e a ser sinal de contradição. Assim serão revelados os pensamentos de muitos corações" (Lucas 2,34-35). Para quem conhece Cristo Jesus não há desculpas: "Quem não está comigo é contra mim; e quem não ajunta comigo espalha" (Mateus 12,30).

OS DE CASA

Disse Jesus: "Os inimigos do homem serão os seus próprios familiares" (Mateus 10,36).

Essas palavras duras de Jesus podem ser referidas aos casos em que um membro da família se sente "chamado" (vocação) para o estado religioso ou para o sacerdócio. Há casos em que a família, particularmente os pais, apoiam o filho cem por cento, rezam para que tudo se concretize segundo os planos de Deus. Mas há casos em que ocorre precisamente o contrário: a família, de modo especial os pais, fazem oposição extrema ao filho que quer atender ao chamado de Deus. Santo Afonso de Ligório afirmava taxativamente: "Os maiores inimigos da vocação são os pais". Ele próprio teve de travar dura batalha com seu pai, antes de conseguir atender ao chamado de Deus. Não foram poucos os vocacionados que tiveram de fugir de casa para poderem atender a esse chamado. Em sentido oposto, quantas famílias se abriram a Deus, e mais de um de seus filhos puderam consagrar-se livremente ao Senhor. Que bênção para elas! É bom lembrar o que São Pedro afirmou diante dos membros do Sinédrio: "É preciso obedecer a Deus antes que aos homens" (Atos 5,29).

QUEM É DIGNO?

Disse Jesus: "Quem ama seu pai ou sua mãe mais do que a mim não é digno de mim. Quem ama seu filho ou sua filha mais do que a mim não é digno de mim. Quem não toma a sua cruz e não me segue não é digno de mim" (Mateus 10,37-38).

Como será que ficaram os apóstolos e as outras pessoas ao ouvirem Jesus falar desse modo? Não lhes terá parecido muita presunção? O fato é que Jesus tem razão: Ele é o Caminho, a Verdade, a Vida; é a Ressurreição, é a Luz, a Água viva, o Pão da vida, a Paz; ele é Deus! Portanto, merece ser amado "sobre todas as coisas" (Primeiro Mandamento). Preferir alguém acima dele – seja pai, mãe, filho, filha... – e virar as costas a Jesus é uma indignidade sem tamanho. No entanto como isso é comum acontecer! E tem mais: não é digno de Jesus também aquele que "não toma sua cruz e não o segue". Para ser digno de Jesus é preciso assumir a cruz que a vida oferece e pôr-se no seguimento dele, custe o que custar. É tudo muito exigente? Sim. O próprio Jesus não disse que só "os fortes se apoderam do Reino de Deus" (Mateus 11,12)? O Evangelho não é para fracos, desanimados e acovardados...

A VIDA

Disse Jesus: "Quem buscar sua vida a perderá, e quem perder sua vida por causa de mim a encontrará" (Mateus 10,39).

Claro que temos obrigação de cuidar da vida e conservá-la o melhor possível. Por outro lado, quem passa a vida só cuidando dela, sem usá-la para fazer o bem, ao morrer, terá de concluir que foi uma vida "perdida", não serviu a ninguém, não serviu para nada... Ao passo que quem "perde", isto é, quem "gasta" a própria vida fazendo o bem, especialmente servindo aos outros, ao morrer, concluirá que valeu a pena viver e terá como recompensa a vida eterna. Jesus fala de "perder a vida por causa dele": essa expressão não se refere obrigatoriamente a quem morre como mártir da fé, da justiça, do amor. Sempre que fazemos o bem, particularmente quando fazemos o bem aos outros, é preciso renunciar a alguma coisa, fazer algum sacrifício, estamos "gastando" nossa vida por causa de Jesus, por causa do Evangelho. Esse deve ser o "sentido" da nossa vida terrena: usá-la para o bem, especialmente para o bem dos outros, por amor a Jesus e a seu Evangelho. O próprio Jesus se encarregará de cuidar de nossa vida, que ele guardará em seu coração para sempre.

OS HÓSPEDES

Disse Jesus [aos seus]: "Quem vos recebe a mim recebe, e quem me recebe, recebe aquele que me enviou" (Mateus 10,40).

Na Bíblia, a hospitalidade é uma grande virtude. O hóspede é tratado como um enviado de Deus. Entre alguns povos, ainda hoje é assim: mesmo não sendo cristãos. Para quem tem um coração verdadeiramente "humano" a hospitalidade é sagrada. A Carta aos Hebreus a recomenda: "Não vos esqueçais da hospitalidade, pois, graças a ela, alguns hospedaram anjos, sem o perceber" (Hebreu 13,2). Em várias oportunidades, Jesus insiste em afirmar que no discípulo, no pobre, no faminto, no necessitado, no pequenino por idade ou por vivência evangélica, é ele mesmo quem está presente; e acolhendo Jesus sob os traços de um peregrino ou necessitado, estamos acolhendo o próprio Pai do céu. A hospitalidade sempre envolve acolhida, oferecer alguma coisa para comer, dar pousada... Jesus nos assegura: "Quem der ainda que seja apenas um copo de água fresca a um desses pequeninos, por ser meu discípulo, em verdade vos digo: não perderá a sua recompensa" (Mateus 10,42).

CENSURA

Disse Jesus: "Ai de ti, Corazim! Ai de ti, Betsaida! Se os milagres feitos no meio de vós tivessem acontecido em Tiro e Sidônia, há muito tempo elas teriam se arrependido, com roupas de saco e com cinza. Pois bem, eu vos digo que, no dia do juízo, Tiro e Sidônia serão tratadas com menos rigor do que vós" (Mateus 11,21-22).

Hoje, em certos ambientes de Igreja, há uma verdadeira sede de milagres, de visões, de coisas extraordinárias... Tudo sinal de pouca fé. Apesar de terem visto muitos milagres, as cidades de Corazim e Betsaida não se converteram; por isso Jesus as censura e ameaça. Deus faz milagres quando julgar que são necessários ou oportunos; mas há os que querem ver milagres, mais por curiosidade ou emoção do que por motivos de fé. Esse foi o caso de Herodes: "Herodes alegrou-se muito ao ver Jesus, pois há muito tempo desejava vê-lo, porque ouvira falar dele e esperava vê-lo fazer algum sinal" (Lucas 23,8). Mas não passava de curiosidade... Nós somos convidados a viver nossa fé na simplicidade. Não é bom sinal a "mania" de querer ver milagres ou coisas extraordinárias em tudo.

A HUMILDADE

Disse Jesus: "Eu te louvo, ó Pai, Senhor do céu e da terra, porque escondeste estas coisas aos sábios e entendidos e as revelaste aos pequeninos" (Mateus 11,25).

A maior qualidade de Deus – se assim se pode falar de Deus, cuja perfeição é infinita – é sua "humildade": Ele, o maior de todos, faz-se o menor de todos. Como? O Criador se fez criatura; uma criatura que os homens, desde seu nascimento, procuram eliminar e que acabarão pregando em uma cruz, transpassando com uma lança seu coração, embora já estivesse morto. Realmente, o maior se fez o menor! Ora, o Mestre da humildade e da pequenez quer que também seus discípulos sejam humildes e pequenos. Jesus disse: "Sabeis que os chefes das nações as dominam e os grandes impõem sua autoridade. Entre vós não seja assim. Quem quiser ser o maior, no meio de vós, seja aquele que vos serve, e quem quiser ser o primeiro, no meio de vós, seja vosso servo. Da mesma forma que o Filho do Homem não veio para ser servido, mas para servir" (Mateus 20,25-28). Precisa dizer mais alguma coisa para que também procuremos ser "pequeninos" e "humildes"?

O CANSAÇO

Disse Jesus: "Vinde a mim todos vós que estais cansados e fatigados sob o peso dos vossos fardos, e eu vos darei descanso" (Mateus 11,28).

Quanta gente doente, quanta gente estressada, quanta gente mergulhada na miséria, na fome até... enfim, quanto sofrimento neste nosso planeta ensanguentado por guerras em diversos pontos! Diante de tanta dor, eis que surge Jesus, que nos convida ao descanso que só Ele pode dar. Ele sabe muito bem o que é sofrimento: o Crucificado passou por tormentos que talvez ninguém de nós consiga imaginar... Ele sabe também, melhor do que qualquer terapeuta, consolar, confortar, acalmar, propiciar descanso. Ao mesmo tempo, aponta o caminho para dar sentido a qualquer dor, a qualquer sofrimento: "Tomai sobre vós o meu jugo e aprendei de mim, porque sou manso e humilde de coração, e vós encontrareis descanso. Pois o meu jugo é suave e o meu fardo é leve" (Mateus 11,29-30). O "jugo", o "fardo" do Senhor não é pesado para os que amam. Se nem sempre cura todos os nossos males, introduz na alma a paz profunda, que só Deus pode conceder: essa é a melhor cura, esse é o melhor repouso.

A SEMENTE

Disse Jesus: "O semeador saiu para semear" (Mateus 13,3).

Quem não conhece a parábola do semeador? Jesus diz que a semente caiu em quatro lugares diferentes: pelo caminho, nas pedras, nos espinheiros, no terreno bom. Pelo caminho, a semente foi pisada; nas pedras, secou; nos espinheiros, foi sufocada; no bom terreno, produziu trinta, sessenta, cem por um. No fim, acrescentou: "Quem tem ouvidos ouça!" (Mateus 13,9). Você ouviu? O semeador é Jesus; o terreno é o coração; a semente é a Palavra de Deus. Façamos a nós mesmos a pergunta: que tipo de terreno sou eu? Serei um "caminho", uma estrada por onde tudo e todo mundo passa, e por onde eu fico zanzando, sem nunca me fixar em nada que valha a pena? Serei "pedra", porque meu coração é duro e impenetrável? Serei "espinhos", porque as preocupações do mundo sufocam minha vida? Serei "terreno bom"? Jesus, o Semeador da Palavra, continua a semear. Não permita que a semente da Palavra se perca. Do pequeno Samuel, o profeta, a Bíblia diz: "não deixava sem efeito nenhuma das palavras do Senhor" (1 Samuel 3,19). Assim seja!

O JOIO

Disse Jesus: "O Reino dos Céus é como um homem que semeou boa semente no seu campo. Enquanto todos dormiam, veio seu inimigo, semeou joio no meio do trigo, e foi embora" (Mateus 13,24-25).

O joio é uma planta daninha que cresce com o trigo. Ela pouco se diferencia do trigo; no entanto, não é trigo o que ela produz; pelo contrário, ela "envenena" o trigal... O mesmo acontece em qualquer comunidade humana: há sempre algum "inimigo" que semeia o "joio" de comentários negativos, de palavras azedas, de interpretação maldosa das intenções alheias, de "fake news", hoje tão em moda na Internet... É o famoso falatório, diz-que-diz, a famosa "murmuração" que dita ao pé do ouvido, passa de boca em boca e em pouco tempo envenena toda a comunidade. Há pessoas azedas, "cítricas", como diria um amigo bispo, que espalham seu veneno a conta-gotas e acabam destruindo pessoas e até comunidades inteiras. "Quem dentre vós não tiver pecado atire a primeira pedra!" (João 8,7), disse Jesus aos que acusavam a mulher flagrada em adultério. "Tu, porém, quem és, para julgares o teu próximo?" (Tiago 4,12).

O FERMENTO

Disse Jesus: "O Reino dos Céus é como o fermento que uma mulher pega e mistura com três porções de farinha, até que tudo fique fermentado" (Mateus 13,33).

O fermento: que coisa mais insignificante! Posto na farinha, praticamente não se vê; depois de certo tempo, admira-se o resultado: que potência! Assim é também o testemunho cristão. Os santos são o fermento do mundo. Às vezes, não precisam dizer palavras, basta que existam, que sejam vistos. Seu modo de ser, de falar, de agir mostra que são "fermentados" pelo Evangelho. Sua presença simples, humilde, desinteressada fala mais alto do que sermões inteiros de belas palavras. Quando se fala em evangelização das pessoas, dos povos, sem dúvida, é preciso obedecer ao mandamento de Jesus: "Ide pelo mundo inteiro e proclamai o Evangelho a toda criatura!" (Marcos 16,15). É esse mandamento de Jesus que a Igreja continua a cumprir. Entretanto, se não for acompanhado pelo fermento do "testemunho" de uma vida santa, muito pequeno será seu poder de fermentação cristã. Eu diria que os alicerces que sustentam o edifício da Igreja são o testemunho de vida e a oração dos santos.

O CORAÇÃO

Disse Jesus: "Não é aquilo que entra pela boca que torna o homem impuro, mas o que sai da boca... O que sai da boca vem do coração, e isso é que torna alguém impuro. É do coração que saem más intenções, homicídios, adultérios, fornicações, roubos, falsos testemunhos, blasfêmias. Isso é que torna alguém impuro" (Mateus 15,11.18-20).

Jesus disse essas palavras para afirmar que não há alimentos impuros, como havia muitos naquele tempo de acordo com as normas dos mestres da Lei. Ele particularmente chamou a atenção para a fonte de tudo o que torna impuro o ser humano: o coração, de onde germinam, crescem e frutificam todos os males praticados pelo ser humano. Talvez não germinem em nosso coração todos esses males citados por Jesus, mas crescem e frutificam "pequenos males" que saem pela boca com frequência: quem de nós não tem experiência disso? A Palavra de Deus recomenda: "Com todo cuidado guarda teu coração porque dele procede a vida" (Provérbios 4,23). O rei Davi orava: "Cria em mim um coração puro, ó Deus, e renova em minhas entranhas um espírito resoluto" (Salmo 50,12). Que seja este também nosso cuidado e nossa oração.

QUEM É JESUS?

Perguntou Jesus: "Quem dizem os homens ser o Filho do Homem?" (Mateus 16,13).

Jesus qualificava a si mesmo como "Filho do Homem", mas sabia muito bem que era o Filho de Deus feito Homem. No entanto os outros o que pensavam dele? Eis a razão da pergunta de Jesus. Se fizermos a pergunta, hoje: "Quem é Jesus?", ouviremos desde os que negam ter Ele existido, até os que o qualificam como impostor, talvez mestre ambulante... É bem provável que Ele voltaria a ser condenado à morte. De fato, o velho Simeão disse a Maria: "Este [Menino] é destinado a ser causa de queda e de reerguimento de muitos em Israel, e a ser sinal de contradição. Assim serão revelados os pensamentos de muitos corações" (Lucas 2,34-35). Não faltam os que gritam: "Não queremos que Ele reine sobre nós" (Lucas 19,14); os que dão de ombros e se desinteressam; os que o consideram um farsante... e por aí afora. "E vós, quem dizeis que eu sou?" (Mateus 16,15), perguntou Jesus aos apóstolos. Por eles respondeu Pedro: "Tu és o Messias, o Filho do Deus vivo" (Lucas 16,16). Faça suas as palavras de Pedro, bem como as de Tomé diante de Jesus ressuscitado: "Meu Senhor e meu Deus!" (João 20,28).

FÉ E CONFIANÇA

Disse Jesus: "Em verdade vos digo: se tiverdes fé do tamanho de um grão de mostarda, direis a esta montanha: 'Vai daqui para lá", e ela irá. Nada vos será impossível" (Mateus 17,20).

São Marcos acrescenta um detalhe: "Por isso, eu vos digo: tudo o que pedirdes na oração, crede que já o recebestes, e vos será concedido" (Marcos 11,24). Se a fé não vem acompanhada de confiança, não é verdadeira. Em última análise, a consciência de sermos filhos do Pai do Céu deve levar-nos a não duvidar absolutamente de seu amor por nós. Você pode dizer: mas eu já pedi tantas vezes, com confiança, e nada recebi... À primeira vista pode ser assim; mas, na realidade, assim não é. Deus nos atende sempre, mas sabe o que é melhor para nós, se o que pedimos é realmente o melhor. Anos atrás li um livrinho do grande teólogo Karl Rahner sobre a oração. Impressionou-me a passagem em que ele expõe o seguinte pensamento: Deus sempre nos atende; se não for nesta vida, na vida eterna saciará todos os nossos desejos de bem para nós e para os outros. Não sem razão, toda oração deve terminar com aquelas benditas palavras do Pai-Nosso: "Seja feita a vossa vontade, assim na terra como no céu".

DOIS DE ACORDO

Disse Jesus: "Se dois de vós, na terra, concordarem em pedir alguma coisa, isto lhe será concedido por meu Pai, que está nos Céus, pois, onde dois ou três estiverem reunidos em meu nome, ali eu estarei, no meio deles" (Mateus 18,19-20).

Essas palavras parecem simples, no entanto Jesus liga a eficácia da oração à "união/comunhão" entre as pessoas, mesmo sendo só duas ou três. Não é brincadeira ele se comprometer a estar presente em um gesto tão simples como o de duas pessoas "concordarem" em pedir alguma coisa ao Pai. Note-se bem a palavra: "concordarem"; portanto não bastam estar duas ou três pessoas rezando uma ao lado da outra, é preciso a atitude "interior" de se porem de acordo, de estarem em paz uma com a outra, de quererem o mesmo objetivo. Parece que Jesus valoriza até mais a "comunhão recíproca" do que a própria oração; pelo menos, essa "comunhão" é condição indispensável para que a prece seja atendida. Seria preciso compreender a importância dessa atitude quando nos reunimos nas orações comunitárias em nossas paróquias, capelas, comunidades, nossos grupos... Tem sentido alguém participar, cultivando no coração ressentimento, divisão, raiva, quem sabe até ódio?

COMPLETO ABANDONO

Disse Jesus: "Meu Deus, meu Deus, por que me abandonaste?" (Mateus 27,46).

Jesus sempre disse e repetiu que veio para cumprir, custasse o que custasse, a vontade do Pai. Sabemos como foi sua vida, desde a concepção até a morte. Ela não foi fácil! Ele afirmava: "O meu alimento é fazer a vontade daquele que me enviou e levar a termo sua obra" (Mateus 4,34). Foi vontade do Pai que Jesus aceitasse voluntariamente a paixão e a morte na cruz. No Jardim das Oliveiras, suplicou, por três vezes, ao Pai que o livrasse delas, mas não foi atendido. Jesus sentiu-se sozinho! Os apóstolos que o acompanhavam dormiam, enquanto ele suava sangue de angústia... Imaginemos então a desolação de Jesus na cruz, que o levou a se queixar: "Pai, meu Pai, por que me abandonaste?" Muitos santos fizeram do Crucificado o próprio "livro" de meditação, o próprio "Evangelho". Em Jesus Crucificado, contempla-se de forma plena o cumprimento da vontade do Pai e a total doação de amor a nós, pecadores. Sejamos-lhe agradecidos. "Nós vos adoramos, Senhor Jesus Cristo, e vos bendizemos, porque pela vossa Santa Cruz, remistes o mundo!"

A MISSÃO

Disse Jesus: "Toda a autoridade me foi dada no céu e sobre a terra. Portanto ide e fazei discípulos meus todos os povos, batizando-os em nome do Pai e do Filho e do Espírito Santo, e ensinando-os a observar tudo o que vos ordenei. Eis que eu estarei convosco todos os dias, até o fim do mundo" (Mateus 28,18-20).

São Marcos acrescenta: "Depois de falar com os discípulos, o Senhor Jesus foi elevado ao céu e sentou-se à direita de Deus. Então, eles foram anunciar [o Evangelho] por toda parte. O Senhor cooperava, confirmando a palavra pelos sinais que a acompanhavam" (Marcos 16,19-20). A Ascensão determina o fim da presença "visível" de Jesus neste mundo e o começo de sua presença "invisível", que durará até o fim do mundo. Em outras palavras: Jesus não nos abandona nunca, como Ele mesmo afirmou: "Não vos deixarei órfãos, venho a vós" (João 14,18). Ao mesmo tempo, a Ascensão também determina o começo da evangelização: os discípulos devem ser também missionários; cabe a eles anunciar a Palavra, ensinar a cumpri-la concretamente e, mediante o batismo, "enxertar" no próprio Jesus e em sua comunidade, isto é, na Igreja, aqueles que crerem. Discípulo significa ser de fato missionário. Você se sente de fato missionário?

DO EVANGELHO
DE SÃO MARCOS

OS PECADORES

Disse Jesus: "Não são os que têm saúde que precisam de médico, mas os doentes. Não vim chamar os justos, mas os pecadores" (Marcos 2,17).

O Filho de Deus veio ao mundo com uma missão muito clara: libertar o mundo do pecado. Por isso, ao iniciar seu ministério, sua principal preocupação foram os pobres, os doentes, os pecadores; não os fariseus, escribas, mestres da Lei, saduceus e companhia..., que se consideravam "justos", sem pecado. Quando, pela primeira vez, o jovem Jesus entrou na sinagoga de sua terra, Nazaré, foi convidado a falar. Abriu o livro do Profeta Isaías precisamente onde se anunciava qual seria a missão do Messias (Isaías 6,1). O texto dizia assim: "O Espírito do Senhor está sobre mim, pois Ele me ungiu para anunciar o Evangelho aos pobres: enviou-me para proclamar a liberdade aos presos e, aos cegos, a visão; para pôr em liberdade os oprimidos" (Lucas 4,18). Ora, todas essas misérias humanas eram fruto do pecado. Jesus veio precisamente para arrancar de vez as raízes do pecado, ao morrer na cruz. O papa Francisco não se cansa de estimular a Igreja a ser fiel ao Evangelho, que, antes de tudo, dá atenção aos pobres, aos descartados, aos pecadores.

A SEMENTE

Disse Jesus: "O Reino de Deus é como alguém que lança a semente sobre a terra. Quer esteja dormindo ou acordado, de dia ou de noite, a semente germina e cresce, sem que ele saiba como. Por si mesma, a terra produz o fruto: primeiro a planta, depois a espiga, e, por último, o grão que enche a espiga; mas quando o fruto está maduro, ele mete logo a foice, porque o tempo da colheita chegou" (Marcos 4,26-29).

Essa admirável descrição de como a terra por si mesma faz o prodígio de uma plantinha de trigo ser fecunda, aplica-se perfeitamente ao germinar, crescer, amadurecer e colher o Reino de Deus em nosso coração. O Espírito Santo vai moldando os corações, vai dispondo-os a acolher a ação divina. Assim, aos poucos, a Palavra de Deus, a oração, os Sacramentos, a comunhão fraterna, enfim, a vida, segundo o Evangelho, germina, cresce e amadurece. No momento em que o Senhor da messe julgar que o "trigo do Reino" está maduro dentro de nós, ele o colherá e guardará em seus celeiros celestiais. Importante mesmo é procurarmos ser conscientes desse processo divino e colaborarmos, para que, no momento oportuno, ouçamos aquelas palavras consoladoras: "Muito bem, servo bom e fiel... Vem participar da alegria de teu Senhor" (Mateus 25,21).

O FOGO E O SAL

Disse Jesus: "Todos serão salgados com fogo. O sal é bom, mas, se o sal ficar insosso, com que o temperareis? Tende sal em vós mesmos e vivei em paz uns com os outros"
(Marcos 9,49)

O que será que Jesus quer dizer? Penso que o fogo seja o "fogo do amor de Deus". Deus nos vê como de fato nós somos e ele sabe avaliar até que ponto nos deixamos moldar por seu amor. Todos, portanto, passamos por esse "fogo": é ele que nos prepara, que nos purifica, que nos santifica, a fim de sermos capazes de responder a seu amor com nosso amor, nesta vida e na outra. As palavras de Jesus sobre o "sal" não são de difícil compreensão. Mas pode-se perguntar: de que sal se trata? Do sal do Evangelho. Jesus não disse também: "Vós sois o sal da terra" (Mateus 5,13)? Em outras palavras, significa permitir que o Reino dos Céus entre em nós, que nos salgue, transforme-nos, que nos torne semelhantes a Jesus em tudo. Se isso acontecer, qual será a conclusão? Que, em primeiro lugar e acima de tudo, pratiquemos o amor, a caridade, a comunhão fraterna; assim, viveremos em paz uns com os outros. Não disse Jesus: "Dou-vos a paz, a minha paz vos dou" (João 14,27)? O "sal" do Evangelho abre o caminho para o dom da paz.

OS ÚLTIMOS

Disse Jesus: "Muitos que agora são os primeiros serão os últimos. E muitos que agora são os últimos serão os primeiros" (Marcos 10,31).

O mundo está cheio de gente que se considera o "primeiro" e que olha os "últimos" de cima para baixo. Nos planos de Deus, porém, a pirâmide do mundo é invertida... A Torre de Babel, símbolo do orgulho e do poder humano, não teve sucesso (...). O Filho de Deus, ao se fazer homem, quis ser um dos "últimos". Como ele disse: "Quem quiser ser o maior, no meio de vós, seja aquele que vos serve, e quem quiser ser o primeiro, no meio de vós, seja o servo de todos, pois o Filho do Homem não veio para ser servido, mas para servir e dar sua vida em regate por muitos" (Marcos 10,43-45). Basta olhar para a cruz: Ele, "o primeiro" de todos e em tudo, foi pregado na cruz entre dois "últimos"... Entretanto, na manhã de Páscoa, de repente, tornou-se "o primeiro": o primogênito dentre os mortos, Senhor da História, Juiz do mundo, em particular dos que iniquamente o julgaram e condenaram. Eis como a pirâmide se inverteu... Que valha a lição para nós: o "maior" é somente aquele que se faz o "menor".

QUEM É CEGO?

Disse Jesus [a um cego que gritava]: "'Jesus, filho de Davi, tem piedade de mim!'... Jesus lhe perguntou: 'O que queres que eu te faça?' O cego respondeu: 'Mestre, que eu veja!'" (Marcos 10,47.51).

O cego de Jericó não parava de gritar, a ponto de incomodar os que acompanhavam Jesus. E Jesus mandou chamá-lo e quis dar-lhe atenção. O que será que levou Jesus a parar e dar atenção? Sem dúvida, a insistente oração do cego. Eis que o cego de Jericó se torna o modelo de nossa oração: insistente, confiante, perseverante. Sua súplica não deveria ser também nossa? Sim, porque muitas vezes nós vivemos na cegueira. Nossa cegueira é a falta de fé. A fé é dom, é graça, é luz divina, que ilumina os olhos da mente e do coração. Pode-se dizer que, pela fé, Deus implanta em nós seus próprios olhos, que nos permitem ver tudo como Ele vê. O mundo visto pelos olhos da fé é diferente. Experimente olhar as pessoas com esse olhar divino da fé: não será um olhar de juiz, que acusa e condena, mas um olhar de compreensão, de tolerância, de perdão e misericórdia! É com olhos assim que Deus olha para nós! Faça sua a oração do cego de Jericó: "Senhor, que eu veja!"

SÓ FOLHAS

Disse Jesus [à figueira]: "Nunca mais alguém coma um fruto de ti" (Marcos 11,14).

Saindo de Betânia, "Jesus teve fome. De longe, ele viu uma figueira coberta de folhas e foi até lá ver se encontrava algum fruto. Quando chegou perto, encontrou somente folhas" (Marcos 11,12-13). Esse episódio tem muitos sentidos e muitas interpretações. O que a nós interessa é observar que Jesus, vendo uma figueira tão frondosa, esperava dela frutos, mas só encontrou folhas. Na verdade, todos nós que fomos batizados somos uma "figueira". Olhando para mim, o que será que Jesus vai encontrar? Só as folhas da vaidade, da aparência, até do fingimento... outras folhas mais, e nada de frutos? Será que eu vou passar toda uma vida de aparências, sem produzir nenhum fruto que agrade a Jesus? Não foi pouco o que Ele fez por mim para que eu produzisse bons frutos: o batismo, a crisma, a eucaristia, a reconciliação, a fé, a esperança, a caridade, o Espírito Santo; Ele próprio que caminha a meu lado... Com tudo isso, eu só produzo "folhas"? Sinal de superficialidade, de descompromisso, de vida folgada, sem verdadeiro empenho que brota de uma fé consciente e vivida. Até quando vou ser assim?

CASA DE ORAÇÃO

Disse Jesus: "Não está escrito que a minha casa será chamada casa de oração para todos os povos?" (Marcos 11,17)

O templo é casa de oração. Será que Jesus está contente, hoje, vendo nossas igrejas e capelas se tornarem uma praça, um mercado, onde se fala, brinca, conversa... sem falar das "geniais encenações" litúrgicas ou das transmissões em que o presidente é mais "ator de TV" do que celebrante? No fundo, é falta de fé e falta de amor. Se eu estou consciente de estar em companhia de Jesus na Eucaristia, por que não "converso" com ele, em vez de bisbilhotar com o vizinho? Sinceramente, que saudades do tempo em que, ao entrar na igreja, nós nos benzíamos com água benta, fazíamos genuflexão, ficávamos em silêncio, em oração, esperando que a celebração começasse! Nesse ponto, merecem admiração os muçulmanos e os povos orientais, até mesmo pagãos: eles têm um sentido de religiosidade e de respeito pelo lugar de culto, que nos envergonha, se nos compararmos com o deles. O templo é Casa de Deus, lugar de oração! Que com o tempo volte o respeito pela Casa de Deus, pelas igrejas e capelas católicas...

O PERDÃO FRATERNO

Disse Jesus: "Quando orardes, se tiverdes alguma coisa contra alguém, perdoai, para que vosso Pai, que está nos céus, também vos perdoe os vossos pecados" (Marcos 11,25)

Posso dizer: perdão por perdão! Na verdade, com que cara vou pedir a meu Pai que me conceda isto e mais aquilo, sabendo Ele que no coração carrego raiva, ressentimento, talvez, ódio contra alguém, que é seu filho, sua filha e são meus irmãos, a quem não consigo perdoar? A oração sem perdão das ofensas aos irmãos não tem condições de ser ouvida pelo Pai dos Céus. Aliás, a oração tem como finalidade última criar a comunhão com Deus e com os irmãos. Não pode haver comunhão onde não houver amor, caridade, perdão, misericórdia. Essa é a razão pela qual o Pai celeste, para conceder seu perdão a nós, quer que antes perdoemos a quem nos ofendeu. Você pode argumentar: mas é duro ter de perdoar certas ofensas que machucam profundamente o coração. É verdade! Mas não há outra saída: até humanamente falando, se você perdoar, ficará muito mais tranquilo do que se ficar remoendo amarguras em seu coração. Perdoar, no fundo, produz uma alegria inexprimível. Experimente e verá.

A PEDRA ANGULAR

Disse Jesus: "Por acaso, não lestes na Escritura: 'A pedra que os construtores deixaram de lado, tornou-se a pedra mais importante'" (Marcos 12,10).

Essas palavras sintetizam a história de Jesus. Ao contar a parábola dos maus vinhateiros, que mataram os enviados do dono e, por fim, o próprio filho do dono, a fim de se apossar da vinha, Jesus deu a entender que a parábola antecipava a história de sua própria vida. A vinha são os habitantes deste mundo, todos nós, que o Pai quis salvar: primeiro enviou os profetas – que foram todos mortos! –, por fim, enviou seu próprio Filho, que foi morto com requintes de crueldade. Quer dizer, o orgulho humano "descartou" o Filho de Deus. E continua "descartando". Hoje, novamente o mundo não quer saber de Cristo! Se ele voltasse entre nós, apresentando-se da forma como viveu mais de trinta anos na terra, sem dúvida, seria novamente morto. No entanto, "ele é a pedra angular" de toda a criação. Como refere a Carta aos Hebreus, inclusive, "ele sustenta todas as coisas com a sua palavra poderosa" (Hebreus 1,3). Sem Jesus, o que seria de nós? Entretanto não acontece também a nós, às vezes, "descartá-lo"?

UM GESTO HUMILDE

Disse Jesus: "Em verdade vos digo, esta pobre viúva deu mais do que todos os outros que ofereceram esmolas. Todos deram do que tinham de sobra, enquanto ela, na sua pobreza, deu tudo o que possuía para viver" (Marcos 12,43-44).

Essas palavras foram ditas por Jesus estando sentado diante do cofre das esmolas do templo de Jerusalém. Ele reparava como os ricos depositavam grandes quantias, ao passo que uma pobre viúva deu duas pequenas moedas, que não valiam quase nada. Jesus chamou os discípulos e quis que compreendessem o que significa o amor de um pequeno gesto, contraposto a gestos solenes, frutos da vaidade, para chamar atenção, mas vazios de verdadeiro amor. Diante de Deus, não são os grandes gestos feitos com vaidade que têm valor. Ele olha mais as intenções do coração do que o gesto em si mesmo; menos ainda quando esse gesto é feito por vaidade. Em outras palavras, o que vale é o amor com que se fazem as coisas, por mais insignificantes que elas sejam. Costuma-se dizer que a perfeição está nos detalhes... Um pequeno gesto que vem do coração vale muito mais do que um forte abraço pouco sincero.

ADORAÇÃO

Disse Jesus: "Todo poder me foi dado no céu e na terra" (Marcos 28,18).

O templo de Jerusalém era uma construção complexa: havia nele vários compartimentos que serviam para o culto. Havia também um lugar onde se "negociavam" os animais destinados aos sacrifícios. Imagine a desordem daquele lugar santo... Depois que Jesus expulsou dali os que o transformavam em um mercado, "os sumos sacerdotes, os mestres da lei e os anciãos aproximaram-se dele e perguntaram: 'Com que autoridade fazes essas coisas? Quem te deu autoridade para fazer isso'" (Marcos 11,27-28). Jesus deu sua resposta somente depois da Ressurreição, quando disse: "Todo poder me foi dado no céu e na terra" (Marcos 28,18). Não é sem motivo que Tomé, ao ver finalmente Jesus Ressuscitado, abandonando sua teimosia e incredulidade, caiu de joelhos e exclamou: "Meu Senhor e meu Deus" (João 20,28). Nós costumamos repetir o gesto de Tomé, ao fazer a genuflexão diante do Santíssimo Sacramento. Hoje, muitos se limitam a uma leve inclinação... Por que recusar a Jesus um gesto de adoração, reconhecendo ser Ele nosso Salvador, nosso Senhor, nosso Deus?

DO EVANGELHO DE SÃO LUCAS

MARIA, A SERVA

Logo após a Anunciação do anjo Gabriel, "Maria partiu para a região montanhosa, dirigindo-se apressadamente a uma cidade da Judeia" (Lucas 1,39).

Por que toda essa pressa? Maria corre porque o Espírito Santo a impele a levar o Filho de Deus a cumprir sua primeira missão: santificar no seio materno o bebê de Isabel, João Batista, primo de Jesus, futuro Precursor do Senhor. A "pressa" de Maria traduz bem seu papel de Mãe do Senhor. Caminhar foi sempre o destino de Maria. Aliás, ela é o caminho de Deus para vir ao mundo. Assim como para ir ao mundo e salvá-lo, o Filho de Deus caminha em Maria, caminha por Maria. Pois é para levar Cristo ao mundo que ela se pôs a caminho. Assim, nós a vemos caminhar. Faz vinte séculos que essa Senhora caminha pelas estradas da vida. Desde que saiu de casa para visitar Isabel, podemos dizer que nunca mais voltou. Sempre a caminhar, cansou-se um bocado, percorrendo todos os tipos de estradas, para bater à porta de todos os que esperam – ou não esperam – a visita do Salvador. A frágil virgem é incansável. Hoje ela continua sua caminhada. Corre de lá para cá! Mãe solícita que é só sabe fazer uma coisa: mostrar-nos Jesus, seu Filho, porque Ele é a Salvação.

O PAI

Disse Jesus [à sua Mãe e a José]: "Por que me procuráveis? Não sabíeis que devo estar na casa de meu pai?" (Lucas 2,49).

Resposta dura dada a sua Mãe e a seu pai adotivo José. De fato, Lucas observa "Eles não compreenderam as palavras que lhes dissera" (Lucas 2,50). Essa atitude de Jesus é a primeira referida pelos Evangelhos quanto a seu relacionamento com o Pai. Os Evangelhos, porém, mostram-no em frequentes conversas com o Pai (oração), às vezes, durante longas horas; bem como referem repetidamente palavras de Jesus com as quais ele afirma ter vindo para cumprir a vontade do Pai. Será que nós compreendemos essa atitude de Jesus? Não deveria ser também a nossa? Em outras palavras: o que significa, na oração do Pai-Nosso, aquela passagem em que dizemos: "seja feita a vossa vontade, assim na terra como no céu"? A vontade de Deus, eis tudo na vida dos discípulos de Jesus. Mas como saber qual é a vontade do Pai? Essa pergunta só pode ser feita por quem não sabe o que é oração. Se você reza, ora, você fala com o Pai, não deixará de descobrir qual seja sua vontade a seu respeito. Experimente.

A GENEROSIDADE

Disse Jesus: "Dai e vos será dado: uma medida boa, calcada, sacudida, transbordante será colocada em vosso colo" (Lucas 6,38).

Na "Oração de São Francisco" cantamos: "É dando que se recebe, é perdoando que se é perdoado": esse é o sentido das palavras de Jesus. Ele ensinou a seus apóstolos: "De graça recebestes, de graça deveis dar" (Mateus 10,8). Aliás, temos de nos perguntar com São Paulo: "Que tens que não tenhas recebido?" (1 Coríntios 4,7). De fato, tudo é dom de Deus: desde a vida, o ar que respiramos... em particular, a vida divina comunicada a nós pelo Batismo... "Tudo é graça", repetia Santa Teresinha do Menino Jesus. Sendo assim, temos de ser coerentes: de graça recebemos, de graça também demos, não sejamos avaros, mesquinhos, tanto no campo da vida humana e material quanto no campo da vida divina e espiritual. Quando Jesus disse "de graça deveis dar", ele não excluía outra atitude também importante no anúncio do Evangelho: "dar com graça", com simpatia, com serenidade, como quem oferece um presente, um dom. Infelizmente há ainda pregadores que "atiram a Verdade na cara" dos irmãos. "A educação é coisa do coração", dizia Dom Bosco (São João Bosco); estou convencido de que a Verdade segue o mesmo caminho.

A HUMILDADE

Disse Jesus: "Todo o que se exaltar será humilhado, e o que se humilhar será exaltado" (Lucas 7,11).

É tão conhecida essa palavra de Jesus que não precisaria de comentário. Em todo caso, sempre faz bem refletir sobre a humildade. Pode-se dizer que "Humildade" é a maior qualidade de Deus, se é que em Deus se pode falar de maior ou menor qualidade, dado que nele é tudo infinitamente perfeito. Seja como for, quem jamais se humilhou tanto quanto Deus – o Criador do universo! – a ponto de se fazer criatura, nascer em um abrigo de animais, viver uma vida de pobreza e trabalho, sofrer os tormentos da Paixão e da Crucificação? Quem poderia tornar-se "pão" e "vinho" para ser nosso alimento de vida eterna, senão um Deus extremamente humilde? São Paulo diz que Cristo, "existindo em forma divina... esvaziou-se, assumindo a forma de servo e tornando-se semelhante ao ser humano... humilhou-se, fazendo-se obediente até a morte, e morte de cruz!" (Filipenses 1,6-8). Com razão, São Paulo convida os seguidores de Cristo a imitarem a humildade do Filho de Deus: "Tende entre vós os mesmos sentimentos que havia em Cristo Jesus" (Filipenses 1,5). A humildade mata qualquer tipo de orgulho.

A MÃE

Disse Jesus: "Minha mãe e meu irmãos são estes: os que ouvem a Palavra de Deus e a põem em prática" (Lucas 8,21).

Jesus tinha sempre presente em sua mente e em seu coração que sua missão era muito mais elevada do que uma missão de ordem terrena, mesmo que nobre. Ele visava à nova criação do mundo, por isso era preciso alterar os critérios humanos e conferir-lhes uma dimensão divina. Daí algumas expressões de Jesus que, à primeira vista, humanamente podem preocupar, mas que, bem entendidas em seu contexto, são perfeitamente exatas. Quando lhe falaram que, entre a turba do povo que o rodeava, estavam sua mãe e seus parentes, ele respondeu desde um ponto de vista da fé: ou seja, que sua verdadeira mãe e seus verdadeiros irmãos são os que põem em prática a Palavra de Deus. Pode parecer falta de atenção, mas é precisamente o contrário: na prática, com essas palavras, Jesus "canonizou" sua mãe, pois ninguém como Maria foi melhor discípulo, ninguém como Maria teve mais fé do que qualquer outra pessoa, ninguém como Maria colocou em prática a Palavra de Deus. Assim, na verdade, as palavras de Jesus foram um admirável elogio a sua mãe.

O SEGUIMENTO DE JESUS

Disse Jesus: "Se alguém quer vir após mim, negue-se a si mesmo, tome cada dia a sua cruz e siga-me; pois quem quiser salvar sua vida, este a perderá; mas quem perder sua vida por causa de mim, este se salvará. Com efeito, que adianta a alguém ganhar o mundo inteiro, se vier a perder-se ou a arruinar-se a si mesmo?" (Lucas 9,23-25).

Para seguir Jesus, são necessárias duas coisas nada fáceis: renunciar a si mesmo e assumir a própria cruz, não alguma vez, mas diariamente, perseverando no caminho percorrido por Ele. Quem assim fizer salvará a própria vida, isto é, a vida plena, a vida divina, a vida eterna. Ao passo que quem preferir ganhar o mundo inteiro, seguindo outros mestres e outros caminhos, acabará de mãos vazias e perderá a vida que Jesus veio trazer. Você pode perguntar: qual é a "minha" cruz de cada dia? Ela é feita de mil pequenas coisas: as próprias obrigações, os acontecimentos de cada dia, os incômodos de saúde, os aborrecimentos do espírito, as dúvidas do coração... enfim, um mundo de "coisinhas", às vezes, um grande problema, uma séria enfermidade, a própria morte. Cruzes da vida, não precisa procurá-las, elas vêm a nosso encontro por conta própria: fique tranquilo!

O ÚNICO NECESSÁRIO

Disse Jesus: "Marta, Marta! Tu te preocupas e andas agitada por muitas coisas. Porém, uma só coisa é necessária. Maria escolheu a melhor parte e esta não lhe será tirada" (Lucas 10,41-42).

Jesus visita a casa de Maria e Marta, irmãs de Lázaro, que ele ressuscitou dos mortos. Marta prepara a refeição, mas se queixa de Maria, que, em vez de ajudá-la, fica aos pés de Jesus, ouvindo suas palavras. Daí a resposta de Jesus às queixas de Marta. Ambas representam o que somos e o que devemos ser: somos de carne e osso, precisamos comer para viver a vida deste mundo. Mais do que tudo, porém, somos filhos de Deus, precisamos alimentar-nos com sua Palavra para vivermos divinamente. Em nossa vida, não se pode optar por Marta e excluir Maria, ou vice-versa. O ideal é que não sejamos ora Marta, ora Maria, mas que sejamos Marta e Maria sempre. É a famosa "união com Deus". De manhã, ao levantar, já elevamos nosso coração ao Pai, oferecendo-lhe tudo o que faremos, tudo o que nos acontecer. Durante o dia, de vez em quando, elevamos novamente nosso coração ao Pai. Desse jeito, até dormir. Sempre em nome de Jesus, no amor do Espírito Santo. Assim fizeram os santos.

A BEM-AVENTURANÇA DA FÉ

Disse Jesus [a quem chamou sua Mãe de bem-aventurada]: "Bem-aventurados, antes, os que ouvem a Palavra de Deus e a guardam" (Lucas 11,28).

Teria Jesus, de certo modo, diminuído Maria? Não é assim. Jesus quis dizer que a geração humana não é superior à fé que gera em nós a vida divina, precisamente pela atenção e pelo cumprimento da Palavra de Deus. Santo Agostinho ilustrou muito bem essa realidade que, em nada diminui a grandeza de Maria; pelo contrário, exalta-a, pois, embora grande pela maternidade divina, Maria é ainda maior pela grandeza de sua fé e da vida divina, que a encheu de graças, a partir de sua imaculada conceição. Em nós, as palavras de Jesus devem despertar duas atitudes: a primeira, que observemos em Maria particularmente sua fé na Palavra de Deus, que a levava a meditá-la e a cumpri-la; a segunda, que tomemos Maria como nosso modelo, a fim de darmos maior atenção à Palavra de Deus, guardando-a em nosso coração, meditando-a e colocando-a em prática. Maria, além de Mãe de Jesus, é também sua "primeira discípula", pois ninguém como ela ouviu, acolheu, guardou, meditou e praticou a palavra de seu Filho.

A HIPOCRISIA

Disse Jesus: "Guardai-vos do fermento dos fariseus, que é a hipocrisia" (Lucas 12,1).

Jesus usou palavras muito duras contra a hipocrisia dos escribas e fariseus... grupos que o seguiam para apanhá-lo em alguma falta, a fim de condená-lo. O Evangelho de Mateus traz os sete "ais" que Jesus pronunciou contra os fariseus: "Ai de vós, escribas e fariseus hipócritas... Ais de vós, guias cegos..." (Mateus 23,13-36). O evangelista Lucas, sem se referir a escribas e fariseus, transmite-nos as palavras de Jesus a seus discípulos, nas quais também elenca uma série de quatro "ais": "Ai de vós, ricos... Ai de vós que agora vos fartais... Ai de vós que agora estais rindo... Ai de vós quando todos falarem bem de vós" (Lucas 6,24-26). Tanto Mateus quanto Lucas põem diante de nossos olhos os pecados que são o "avesso" das bem-aventuranças. Jesus adverte seus discípulos porque a hipocrisia é um "fermento" que penetra nas profundidades do ser e incha de orgulho o coração. Qualquer tipo de pecado é hipocrisia: apresenta-se a nossos olhos revestido de bondade e beleza, quando na realidade é podridão. Não sejamos também nós hipócritas, limitando-nos a criticar os outros... quando, às vezes, fazemos o mesmo.

A GANÂNCIA

Disse Jesus: "Guardai-vos de todo tipo de ganância, pois a vida de alguém não consiste na abundância de suas posses" (Lucas 12,15).

A fome de dinheiro e de lucro devora a alma dos adoradores do ídolo monetário. Quando Deus criou o ser humano, ele o fez para ser "de dentro para fora", não o contrário, de "fora para dentro"; em outras palavras, o sentido da vida consiste em doar e doar-se, não em agarrar-se aos bens terrenos e acumulá-los. Nosso mundo, em boa parte, perdeu o "sentido da existência", do objetivo para o qual o Criador o fez. Quem o pode negar, diante de tanta diferença entre os que apodrecem de ricos e os que morrem de fome? Jesus, ao contar a parábola do "rico insensato", que ampliou seus celeiros na esperança de gozar da vida pelo resto de seus anos, termina com estas palavras: "Insensato! Ainda nesta noite vão tomar a tua vida. E o que acumulaste para quem será? Assim acontece a quem ajunta tesouros para si mesmo, mas não se torna rico diante de Deus" (Lucas 12,20-21). É justo ter uma vida material e humana decente. O desapego e a generosidade, porém, são indispensáveis para dar sentido à existência do ser humano e do mundo criado.

O FOGO E O BATISMO

Disse Jesus: "Fogo eu vim lançar sobre a terra, e como gostaria que já estivesse aceso! Tenho um batismo no qual devo ser batizado, e como me angustia até que se complete!" (Lucas 12,49-50).

De que fogo e de que batismo se trata? Trata-se do fogo do amor de Deus, aceso no coração do Filho de Deus, Jesus, mas que os seres humanos teimam em não acender; pelo contrário, há os que insistem em apagá-lo. Deus é "fogo de amor", mas a secura do coração humano, petrificado e frio, não permite que nele se acendam as chamas do amor divino. O batismo que Jesus aguarda com ansiedade é o batismo de sua paixão e morte. O que são sua paixão e morte, senão as labaredas mais intensas do fogo do seu amor por nós? "Ninguém tem maior amor do que aquele que dá a própria vida por seus amigos" (João 15,13). Assim, o fogo divino trazido do céu na Encarnação e que Jesus procurou acender ao longo de suas jornadas evangelizadoras, expandiu-se de forma extraordinária no "incêndio" da Paixão e da Cruz. Apesar desse sangrento batismo de Jesus, até que ponto seu amor se acendeu e arde em meu coração? A melhor oração a fazer é a de pedir a Deus que me conceda seu Espírito, que é seu Amor.

O PERDÃO

Disse Jesus: "Se teu irmão pecar, repreende-o. Se ele se arrepender, perdoa-lhe. Se pecar contra ti sete vezes num só dia, e sete vezes vier a ti, dizendo; 'Estou arrependido', perdoa-lhe" (Lucas 14,3-4).

Segundo o Evangelho de Mateus, essas palavras são a resposta dada por Jesus a Pedro, que perguntou: "Senhor, quantas vezes devo perdoar, se meu irmão pecar contra mim. Sete vezes?" Jesus respondeu: 'Digo-te, não até sete vezes, mas até setenta vezes sete vezes'" (Mateus 18,21-22). Não tomemos os números ao pé da letra: Jesus quer dizer que devemos perdoar "sempre"! Afinal, o Pai do Céu nos perdoa sempre, mesmo se pedirmos perdão mil vezes... Por que os filhos do Pai celeste deveriam limitar o perdão a certo número de vezes? O perdão e a misericórdia são uma das melhores "definições" de Deus, se assim se pode dizer. Deveriam ser também a "nossa definição", mas sabemos como é nosso coração, tão doce, às vezes tão insensível e tão duro... Uma coisa, porém, é certa: embora sintamos dificuldades em perdoar, quando finalmente conseguimos dar nosso perdão a um irmão em nome de Deus, a alegria que sentimos é inexprimível. É a alegria do Reino dos Céus que inunda nosso coração. Ela não tem preço!

A ALEGRIA NO CÉU

Disse Jesus: "Eu vos digo: haverá no céu alegria por um só pecador que se arrepende, mais do que por noventa e nove justos que não precisam de arrependimento" (Lucas 15,7).

Que maravilha! Que consolação! Essas palavras de Jesus põem à mostra o coração do Pai, que se alegra ao ver um de seus filhos retornar ao bom caminho, mais do que ao ver noventa e nove santos percorrendo o caminho da santidade. Assim é nosso Pai! Diante de tão grande generosidade, em nosso coração não só deve brotar um manancial de gratidão, mas também um compromisso muito preciso de não o ofender mais; pelo menos de tentar não o ofender mais, sabendo também que, se cairmos, nossa retomada do caminho renova a alegria de nosso Pai. Mesmo assim, não basta. Cada vez mais é fundamental que nos convençamos de fazer o mesmo com nossos irmãos. Ou seja, que nos alegremos ao constatar que este irmão ou esta irmã retomou o bom caminho, que manifestemos nossa alegria, procurando esquecer o passado e incentivar quem pecou a continuar a caminhada. Assim imitaremos nosso Pai, que está nos Céus, conforme nos pede Jesus: "Sede perfeitos como vosso Pai celeste é perfeito" (Mateus 5,48).

OS SERVOS

Disse Jesus: "Quando tiverdes feito tudo o que vos ordenaram, dizei: 'Somos simples servos, só fizemos o que devíamos fazer'" (Lucas 17,10).

Quando o Cardeal Joseph Ratzinger foi eleito Papa, surgiu pela primeira vez no balcão da basílica de São Pedro e disse à multidão na praça: "Somos simples servos na vinha do Senhor". Está em nosso instinto falarmos de nós mesmos, do que somos, do que fizemos. No fundo, não seria uma forma sutil de egoísmo, de vaidade? Hoje, com as redes sociais a todo vapor, é frequente ver pessoas que expõem aos quatro ventos o que "elas" fizeram. É realmente conveniente proceder assim? Não seria melhor fazerem o bem e voltarem para casa em silêncio, agradecendo a Deus, que lhes concedeu fazer um gesto de amor fraterno? Antigamente se inculcava nas pessoas a importância de cada qual cumprir as próprias obrigações, os próprios deveres: eram as expressões que se usavam... Quando terminarmos nossas tarefas, "nossos deveres", pensemos e digamos: "Fizemos o que devíamos fazer". Estejamos certos de que há sempre alguém que fez muito mais do que nós e não disse nada aos outros.

A FÉ

Disse Jesus: "O Filho do Homem, quando vier, encontrará fé sobre a terra" (Lucas 18,8).

No início de seu Evangelho, São João escreve: "A Palavra se fez carne e veio morar entre nós" (João 1,14). A "Palavra" é o Verbo eterno, o Filho de Deus, que se fez carne, Jesus. Jesus falou palavras de vida e salvação, palavras que chegaram até nós mediante os apóstolos e seus sucessores. São Paulo diz: "A fé surge da pregação, e a pregação surge pela palavra de Cristo" (Romanos 10,17). Ouvindo-a e acolhendo-a, o Espírito Santo suscita nos corações a fé, que, por sua vez, é a porta da vida eterna. A fé não brota sozinha do coração humano: ela é obra do Espírito Santo. Infelizmente, nós podemos descuidar da fé, podemos até perdê-la. Como conservá-la, alimentá-la? Ouvindo constantemente a mesma antiga e sempre nova Palavra de Deus; por sua vez, a resposta a essa Palavra é a oração: sem nossa resposta, sem nossa oração, a fé se apaga. De fato, ela se assemelha à chama de uma lamparina: se faltar o óleo da Palavra de Deus e da oração, a chama da fé vai diminuindo e até pode apagar-se. Eis a razão pela qual Jesus se pergunta se, ao voltar, ainda encontrará fé sobre a terra...

DO EVANGELHO DE SÃO JOÃO

O VINHO

Disse Maria aos serventes: "Fazei tudo o que ele vos disser" (João 2,5).

Houve um casamento em Caná da Galileia, "e a mãe de Jesus estava lá. Também Jesus e seus discípulos foram convidados para o casamento" (João 2,1-2). Em meio à festa, faltou vinho. Maria percebeu e intuiu que seu Filho deveria antecipar sua "hora". Então ela lhe disse: "Eles não têm vinho!" (João 2,3). Jesus, usando uma linguagem solene que remete a sua linguagem no Calvário, respondeu: "Mulher, para que me dizes isso? Minha hora ainda não chegou" (João 2,4). Maria, porém, na certeza de ter seu pedido atendido, disse aos serventes: "Fazei tudo o que ele vos disser!" (João 2,5). O fim da história é conhecido. Encheram-se novamente os copos, encheram-se de alegria os convivas, encheu-se de gratidão o coração de Maria, encheu-se de glória Jesus, encheram-se de fé os discípulos, pois Ele "manifestou a sua glória e seus discípulos creram nele" (João 2,11). Final feliz para a festa de Caná. Com glória para Jesus. Também para glória de Maria, porque ela demonstrou seu poder de intercessão junto ao coração de seu Filho. Se foi glória de Jesus mudar a água em vinho, foi glória de Maria mudar a "hora" de Jesus.

NOSSO DEUS

Escreveu São João: "Deus amou tanto o mundo, que deu seu Filho unigênito, para que não morra todo o que nele crer, mas tenha a vida eterna. De fato, Deus não enviou seu Filho ao mundo para condenar o mundo, mas para que o mundo seja salvo por ele" (João 3,16-17).

Deus é a Santíssima Trindade: o Pai envia ao mundo seu Filho que, por sua vez, agindo segundo a vontade do Pai, comunica a nós o Espírito Santo. A Bíblia atribui a cada pessoa divina uma tarefa própria: ao Pai atribui a criação; ao Filho, a redenção; ao Espírito Santo, a santificação. Na realidade, sendo Deus um só, e sendo Deus puro Amor, as pessoas divinas agem sempre juntas: é Deus quem cria, Deus quem redime, Deus quem santifica. Santo Agostinho, de forma muito elegante, resume nestas palavras as Pessoas da Santíssima Trindade: o Amante, o Amado, o Amor. Só nos resta adorar esse grande e insondável mistério de Deus, agradecer seu Amor para conosco e amá-lo sobre todas as coisas, que é o primeiro Mandamento: "Adorarás ao Senhor, teu Deus, e só a ele servirás" (Deuteronômio 10,20). Procure fazer sempre com consciência e em espírito de adoração o Sinal da Cruz, em nome do Pai e do Filho e do Espírito Santo.

O ALIMENTO DE JESUS

Disse Jesus: "Eu tenho um alimento para comer que vós não conheceis... O meu alimento é fazer a vontade daquele que me enviou e levar a termo a sua obra" (João 3,32.34).

A vontade do Pai é o alimento do Filho. Deveria ser também o alimento de seus filhos... Desde o momento em que o Verbo decidiu fazer-se um de nós, até o último grito na cruz do Calvário, Jesus não fez outra coisa senão cumprir a vontade do Pai. Como foi difícil cumpri-la! No Jardim das Oliveiras, Jesus se viu encurralado entre a paixão e a vontade do Pai: "Meu Pai, se possível, passe de mim este cálice. Contudo, não seja como eu quero, mas como tu queres" (Mateus 26,39). Jesus fez essa súplica três vezes, mas o Pai não o livrou da paixão e da morte. Como Jesus sentiu em seu coração e em sua carne o peso do cumprimento da vontade do Pai nessa hora! Não sem motivo, no alto da cruz, ele gritou: "Meu Deus, meu Deus, por que me abandonaste?" (Mateus 27,46). Apesar da desolação dos últimos momentos, Jesus confiou no Pai e, ao morrer, a ele se entregou: "Pai, em tuas mãos entrego o meu espírito" (Lucas 23,46). A vontade do Pai foi o alimento da vida e da morte de Jesus.

A ÁGUA VIVA

Disse Jesus [à Samaritana]: "Dá-me de beber!... Se conhecesses o dom de Deus e quem é aquele que te diz 'Dá-me de beber', tu lhe pedirias, e ele te daria a água viva" (João 4,7.10).

A resposta de Jesus à mulher samaritana nos remete ao Calvário, onde Jesus, pouco antes de morrer, disse: "Tenho sede!" (João 19,28). Enquanto no mundo houver um ser humano, a sede do Senhor nunca se apagará, ela se prolongará até o fim. Cabe a nós matar a sede de Jesus: ela só será saciada quando, por meio de nós, ele tiver saciado a sede de "água viva" de todos os seres humanos, criados à imagem e semelhança de seu Pai. Que água viva é essa? É o próprio Jesus, é o Reino dos Céus, é o perdão, a misericórdia, a conversão, a vida nova, que começa com a "água viva" do Batismo. O próprio Jesus declara: "Se alguém tem sede, venha a mim e beba quem crê em mim. Conforme diz a Escritura: 'Do seu interior fluirão rios de água viva" (João 7,37-38). São João comenta essas palavras de Jesus, dizendo: "Ele disse isso, falando do Espírito que haveria de receber os que cressem nele" (João 7,39). A água viva é o Espírito Santo que recebemos no Batismo, na Crisma e sempre que o invocarmos: Vinde, Espírito Santo!

O PÃO DO CÉU

Disse Jesus: "Aqui está o pão que desceu do céu, para que não morra quem dele comer" (João 6,50).

O Evangelho de São João refere um longo discurso de Jesus sobre a Eucaristia. Suas palavras são muito claras e nos fazem meditar sobre o dom de sua Carne e de seu Sangue como alimento de vida eterna. Comentar todo o discurso exigiria muitas páginas deste livrinho... Faço uma proposta: vamos parar um pouco, abrir o Evangelho de São João e ler, com calma, refletindo, meditando as palavras de Jesus: João 6,22-71. Ouvindo o que Jesus dizia e que parecia um absurdo, o Evangelho comenta: "A partir desse momento, muitos discípulos se afastaram e não mais andavam com Ele. Jesus disse aos Doze: 'Vós também quereis ir embora?' Simão Pedro respondeu: 'A quem iremos, Senhor? Tu tens palavras de vida eterna. Nós cremos e sabemos firmemente que tu és o Santo de Deus" (6,66-69). Também hoje há quem não acredite na Eucaristia... Nós, como Simão Pedro, cremos firmemente, professamos nossa fé na Eucaristia, adoramos Jesus presente na Eucaristia, participamos da celebração da Eucaristia, comungamos o Corpo, Sangue, Alma e Divindade de Jesus realmente presente na Eucaristia! Graças e louvores sejam dados a todo momento ao Santíssimo e Diviníssimo Sacramento!

CORPUS CHRISTI

Disse Jesus: "Quem come a minha carne e bebe o meu sangue tem a vida eterna, e eu o ressuscitarei no último dia" (João 6,54).

Alimentar-se de Deus! Jesus tinha dito: "Ninguém tem amor maior do que aquele que dá a vida por seus amigos" (João 15,13). Jesus não deu só a vida por nós, decidiu dar também seu Corpo e seu Sangue. Parece estranho comer a Carne e beber o Sangue de Jesus, mas a fé nos dá garantias maravilhosas do que seja a Eucaristia. Nela, é Jesus ressuscitado, portador do Espírito Santo, que se oferece a nós como comida e bebida. Alimentando-nos de Jesus Ressuscitado, aos poucos vamos sendo transformados, até o dia em que também nós ressuscitaremos e seremos semelhantes a Ele. De fato, "desde já somos filhos de Deus, mas ainda não se manifestou o que seremos! Sabemos que, quando ele se manifestar, seremos semelhantes a ele, porque o veremos como ele é" (1 João 3,2). Contemplando o mistério da Eucaristia, mistério de amor sem limites, só podemos adorar e agradecer. Graças e louvores sejam dados a todo momento ao Santíssimo e Diviníssimo Sacramento!

A LUZ

Disse Jesus: "Eu sou a luz do mundo. Quem me segue não caminha na escuridão, mas terá a luz da vida" (João 8,12)

Nossos olhos, sem a luz, nada enxergam. A escuridão da noite faz com que tudo desapareça: nada se vê, parece que tudo deixa de existir; pela manhã, a luz do sol faz com que, de certo modo, tudo retorne à existência. São João diz: "Deus é luz e nele não há trevas" (1 João 1,5). E, referindo-se a Jesus, afirma: "Ele era a luz verdadeira, que vindo ao mundo, a todos ilumina" (João 1,9). Sem a luz do sol, não haveria vida neste mundo; igualmente, sem a luz de Cristo, não há vida divina nos corações. Nos inícios do cristianismo, o Batismo era chamado de "Iluminação": de fato, é por meio dele que penetram no coração a luz e a vida de Cristo. Esse é o sentido da vela acesa que o celebrante do Batismo coloca na mão do batizado. Era também costume cristão colocar uma vela acesa na mão de quem estava para morrer: significava que a luz da fé, recebida no Batismo, acompanhou o cristão pela vida afora e, agora, ao partir deste mundo, irá iluminado pela luz de Cristo, para penetrar definitivamente no Reino da Luz eterna. Cuide bem da luz de seu Batismo, não deixe que se apague: leve-a bem acesa até o fim!

EU SOU

Disse Jesus: "Quando tiverdes levantado o Filho do Homem, então sabereis que eu sou" (João 8,28).

Palavras misteriosas. Em primeiro lugar, o que quer dizer "levantar" o Filho do Homem? Sem dúvida, a "elevação" de Jesus ocorreu na hora da Cruz: ali foi seu trono de Amor. Não disse ele: "Ninguém tem maior amor do que aquele que dá a própria vida por seus amigos" (João 15,13)? Em segundo lugar, estas duas palavrinhas: "Eu sou", segundo a Bíblia, são próprio o Nome de Deus. No episódio da sarça ardente, quando Moisés perguntou a Deus qual era seu nome, Ele respondeu: "Eu sou aquele que sou" (Êxodo 3,14). Várias vezes Jesus aplicou a si esse Nome, o Nome de Deus. Discutindo com seus opositores, disse: "Em verdade, em verdade vos digo, antes que Abraão existisse, eu sou" (João 8,58). Jesus é o "Eu sou", Jesus é Deus! Essa é a razão de Ele ser a Vida e a Verdade; e, para que não nos percamos, é também o Caminho, como Ele mesmo afirmou: "Eu sou o Caminho, a Verdade e a Vida" (João 14,6). Lembre-se sempre destas palavras de Jesus: "Quem não está comigo é contra mim; e quem não ajunta comigo espalha" (Mateus 12,30). Com quem você estiver durante a vida, estará também na hora da morte...

A VERDADE

Disse Jesus: "Se permanecerdes em minha palavra, sereis verdadeiramente meus discípulos, e conhecereis a verdade, e a verdade vos libertará... Se o Filho vos libertar, sereis verdadeiramente livres" (João 8,31.36).

Nessas palavras de Jesus, há cinco delas a sublinhar: permanecer – palavra – discípulos – verdade – liberdade. Antes vem a "palavra": tudo o que Ele ensinou sobre o Reino dos Céus; suas palavras são fonte de Verdade e Vida. Em seguida vem "permanecer": não basta praticar a palavra de Jesus uma vez ou outra, é necessário continuar, não desanimar. Em terceiro lugar, vem "discípulo": quem ouve e procura praticar a palavra de Jesus torna-se seu discípulo, que é muito mais do que um aluno, é aquele que imita o Mestre. Agora é a vez da "verdade": o discípulo, seguidor do Mestre, é conduzido à verdade; aliás, o próprio Mestre declarou: "Eu sou a Verdade" (João 14,6). Por fim, chega a "liberdade": a ignorância é um dos melhores caminhos para a escravidão... A verdade em si, ainda mais a Verdade proclamada por Jesus, é libertadora. Como você pode conferir, em cinco palavras, Jesus disse tudo o que precisávamos ouvir. Sigamo-lo: Ele nos libertará de todo erro e de todo mal!

O JULGAMENTO

Disse Jesus: "Eu vim a este mundo para um julgamento, a fim de que os que não veem passem a ver, e os que veem tornem-se cegos" (João 9,39).

Essas palavras parecem misteriosas, mas é fácil compreendê-las. Há dois tipos de cegueira: a dos olhos da cara e a dos olhos do coração. Há pessoas que enxergam muito bem (com os olhos da cara), mas seu coração é cego, porque são de coração duro, orgulhoso, frio. Sabemos que Jesus curou diversos cegos, que passaram a ver: tais milagres eram um "sinal" de que Ele era a Luz dos corações. Quem não acolhe Jesus/Luz pensa que vê, mas não vê, é cego do coração. Precisamente aqui é que se entende por que Jesus fala de "julgamento". Quando Jesus Menino foi apresentado ao Senhor por Maria e José no templo de Jerusalém, o velho Simeão disse: "Este Menino é destinado a ser causa de queda e de reerguimento de muitos em Israel, e a ser sinal de contradição" (Lucas 2,34). É motivo de "queda" para quem o rejeita, motivo de "reerguimento" para os caídos que o acolhem. Essa é a profecia. Jesus mostrou estar muito consciente de ser "sinal de contradição" quando disse: "Quem não está comigo está contra mim; e quem não ajunta comigo espalha" (Mateus 12,30).

A PORTA

Disse Jesus: "Em verdade, em verdade vos digo: eu sou a porta das ovelhas... Eu sou a porta. Quem entrar por mim será salvo; entrará e sairá, e encontrará pastagem" (João 10,7.9).

Várias vezes, nos Evangelhos, Jesus se define a si mesmo, mediante expressões diversas: Eu sou o Caminho, a Verdade e a Vida; eu sou a Ressurreição e a Vida; eu sou a Luz do mundo; eu sou o Pão Vivo descido do céu; eu sou o Pão da Vida; eu sou a Videira Verdadeira; eu sou o Bom Pastor; eu sou a Porta das ovelhas; sem falar da famosa afirmação de Jesus: "Quando tiverdes levantado o Filho do Homem, então sabereis que "Eu sou" (João 8,28). Este "Eu sou", no livro do Êxodo, é o próprio nome de Deus (Êxodo 3,13-14). Jesus diz que é a "Porta das ovelhas": quem entrar por esta "Porta" encontrará "pastagem" abundante – a Palavra de Deus, a Vida divina –, para se alimentar, e alcançará a salvação. Toda essa série de "Eu sou" nos Evangelhos, oxalá nos levem a compreender a urgência de colocarmos a pessoa de Jesus no centro de nossa vida. Afinal, Jesus é tudo de que precisamos: Pastor, Porta, Caminho, Luz, Pão, Videira, Verdade, Vida, Ressurreição, Deus!

AS OVELHAS

Disse Jesus: "As minhas ovelhas escutam a minha voz, eu as conheço, e elas me seguem. Eu dou-lhes a vida eterna, e elas jamais se perderão. E ninguém vai arrancá-las de minha mão. Meu Pai, que me deu estas ovelhas, é maior que todos, e ninguém pode arrebatá-las da mão do Pai" (João 10,27-29).

Que maravilha saber que somos ovelhas de Jesus e que Ele é nosso Pastor! Quando eu fui batizado, Jesus me acolheu como "sua" ovelha: portanto me conhece. Aliás, sendo Deus, já me conhecia desde toda a eternidade e, agora, pelo Batismo, comunicou-me a vida eterna, de tal modo, que jamais poderei perder-me, se eu realmente procurar ouvir sua palavra e segui-lo. Que alegria ser conhecido por Jesus e saber que ninguém pode arrancar-me de suas mãos! De fato, porém, procuro ouvir sua voz e segui-lo, mesmo nos dias difíceis? Grande alegria também saber que jamais poderei ser arrancado das mãos do Pai, a não ser que eu mesmo fuja de seus braços! Sendo assim, é fundamental que eu me "agarre" a Jesus, que me mantenha unido a Ele pela fé, pela esperança, pelo amor! Que eu me esforce por segui-lo em qualquer tempo e lugar. Sim, eu quero que assim seja!

MORTE E VIDA

Disse Jesus: "Eu sou a ressurreição e a vida. Quem crê em mim, ainda que tenha morrido, viverá. E todo aquele que vive e crê em mim jamais morrerá" (João 11,25-26).

Por mais que leiamos e releiamos essas palavras de Jesus, ficamos meio aturdidos diante da grandeza que elas encerram. Jesus dizer "eu sou a ressurreição", "eu sou a vida", não é nenhuma brincadeira! Uma coisa é afirmar que Jesus ressuscitou, outra que Ele é a própria "ressurreição", a própria "vida". E dizer que nós, pelo Batismo, recebemos a fé nessa verdade, que nos inclui entre aqueles que, "vivendo e crendo" em Jesus, apesar da morte natural, viverão para sempre: a morte não é senão a passagem para a ressurreição e a vida em plenitude junto de Deus. Aos dois discípulos de Emaús disse Jesus: "Não era necessário que o Cristo sofresse tudo isso [Paixão e Cruz] para entrar em sua glória?" (Lucas 24,26). Nós também, não desanimemos se tivermos de enfrentar cruzes nesta vida, pois elas são o caminho para entrar na glória. A condição, porém, é a de "crer e viver em Jesus"; em outras palavras, fazer de Jesus o amor de nosso coração, o coração de nossa existência, a vida de nossa vida.

OS SERVOS

Disse Jesus: "Em verdade, em verdade vos digo: o servo não está acima do seu senhor e o mensageiro não é maior que aquele que o enviou. Se sabeis isto, e o puserdes em prática, sereis felizes" (João 13,16-17).

Segundo as palavras de Jesus, a felicidade verdadeira tem um "preço" e consiste em sentir-se "menor" do que os outros e em "pôr-se a serviço" dos outros. O que Jesus propõe é precisamente o avesso do que o "mundo" propõe como felicidade. Ele disse: "Sabeis que os chefes das nações as dominam e os grandes impõem sua autoridade. Entre vós não seja assim. Quem quiser ser o maior, no meio de vós, seja aquele que vos serve, e quem quiser ser o primeiro, no meio de vós, seja vosso servo, da mesma forma que o Filho do Homem não veio para ser servido, mas para servir e dar sua vida em resgate de muitos" (Mateus 20,25-28). É uma lição difícil de pôr em prática, mas os santos se distinguiram precisamente nisto: eles despenderam a própria vida servindo ao próximo. Foi assim que deram prova de seu amor a Deus. Como ensina Santo Agostinho: se o amor a Deus deve ser o primeiro na ordem da intenção, o amor ao próximo deve ser o primeiro na ordem da execução.

AS MORADAS

Disse Jesus: "Não se perturbe o vosso coração. Tendes fé em Deus, tende fé em mim também. Na casa de meu Pai, há muitas moradas. Se assim não fosse, eu vos teria dito. Vou preparar um lugar para vós... a fim de que, onde eu estiver, estejais também vós" (João 14,1-2).

Pode haver palavras mais amigas, mais confortadoras do que essas? É verdade. Antes de tudo, porém, Jesus pede que não deixemos nosso coração se perturbar. Não é fácil... Quantas preocupações em nosso coração! Jesus, que o conhece bem, mostra-nos que a razão disso é nossa falta de fé e confiança nele. Afinal, teria Ele sofrido o suplício da cruz e derramado todo o seu sangue por nós inutilmente? E tem mais: a confiança em Jesus faz também nosso coração estremecer de alegria ao saber que, na casa do Pai, Ele está preparando um lugar para nós. "Vou preparar um lugar para vós": que palavras mais confortadoras, particularmente para os momentos difíceis, para as horas amargas... saber que Jesus, nosso intercessor junto ao Pai, está preparando o lugar que haveremos de ocupar quando terminar nossa caminhada terrena. Como não confiar em Jesus? Jesus, eu confio em vós!

O CAMINHO

Disse Jesus: "Eu sou o Caminho, a Verdade e a Vida" (João 14,6).

Quem de nós não tem sede profunda de Vida e de Verdade? Muitos perguntam: qual é o "caminho" para ter Vida em abundância e encontrar a Verdade "verdadeira"? Como essa pergunta é importante, hoje, quando é frequente encontrar quem pense e diga que cada qual tem "sua" verdade e, portanto, deve seguir "seu" caminho... Grande engano! A Verdade e a Vida "verdadeira" são uma só e têm um nome: chama-se Jesus Cristo! São Pedro, pregando ao povo no dia de Pentecostes, afirmou: "Em nenhum outro há salvação, pois não existe debaixo do céu outro Nome, dado à humanidade, pelo qual devamos ser salvos" (Atos 4,12). Sendo assim, para quem tem fé e vive de fé Jesus é a Vida, Jesus é a Verdade, Jesus é o Caminho para a Vida e a Verdade! Coloque-o, então, no centro de sua vida. Não disse Ele: "Sem mim, nada podeis fazer" (João 15,5)? Não deixe para a hora da morte encontrar-se face a face com Jesus: faça isso todos os dias, logo ao levantar; una-se espiritualmente a Ele muitas vezes durante o dia. Afinal, você, discípulo de Jesus, o que pensa que vai conseguir fazer sozinho?

O PAI

Disse Jesus: "Se vós me conhecêsseis, conheceríeis também o meu Pai"... Disse Filipe: "Senhor, mostra-nos o Pai, e isso nos basta!" Jesus respondeu: "Há tanto tempo estou convosco e não me conheces, Filipe? Quem me viu, viu o Pai. Como é que tu dizes: 'Mostra-nos o Pai?' Não acreditas que eu estou no Pai e o Pai está em mim?" (João 14,7-10).

Vamos entender bem essas palavras. Jesus é o Filho do Pai celeste; o Filho é a imagem, a "cópia" visível do Pai, como acontece na geração humana; não se diz muitas vezes: este garoto é a cara do pai? Por isso Jesus pode dizer: "Quem me viu, viu o Pai". Como também dirá: "Eu e o Pai somos um" (João 10,30). Assim, tudo o que o Pai é, Jesus é também: amor, perdão, misericórdia... Jesus é a Porta, o Caminho, o Mediador, o Pontífice (= ponte), que nos conduz ao Pai. Por que buscar outros "mediadores", outros "caminhos", outras "portas"? Um dos sinais atuais da desorientação do mundo é o fato de discípulos de Jesus caminharem por veredas que inventaram para si mesmos. Ao passo que Jesus disse: "Ninguém vai ao Pai senão por mim" (João 14,6). Ele disse também: "Sem mim, nada podeis fazer" (João 15,5). Compreendeu? Sem Jesus, nada feito!

O DEFENSOR

Disse Jesus: "Eu rogarei ao Pai, e Ele vos dará um outro Defensor para que permaneça sempre convosco: o Espírito da Verdade... Vós o conhecereis, porque Ele permanece junto de vós e estará dentro de vós" (João 14,15-17).

O Espírito Santo, junto de nós e inclusive "dentro" de nós, é nosso Defensor, nosso Consolador nas horas difíceis e nos faz compreender o sentido das palavras de Jesus. Essa é sua missão segundo os planos do Pai. O Pai enviou seu Filho ao mundo para testemunhar o amor de Deus por nós até a morte na cruz. A partir do dia de Pentecostes, é missão do Espírito Santo fazer com que o mundo compreenda tudo o que Jesus fez para salvá-lo. É para isso que recebemos o Espírito Santo, que habita em nós: "Não sabeis que sois o santuário de Deus e que o Espírito de Deus habita em vós?" (1 Coríntios 3,16). Apesar de sua presença em nós, você pede sua ajuda nas horas difíceis, solicita a compreensão das palavras de Jesus, segue suas inspirações após um sincero discernimento? Abra mais espaço ao Espírito Santo e dê-lhe mais atenção: só ele educa e transforma as pessoas em autênticos discípulos de Jesus.

A PROVA DO AMOR

Disse Jesus: "Quem acolhe os meus mandamentos e os observa, esse me ama. Ora, quem me ama, será amado por meu Pai, e eu o amarei e me manifestarei a ele... Se alguém me ama, guardará a minha palavra, e meu Pai o amará, e nós viremos e faremos nele nossa morada" (João 14,21.23).

Em nosso dia a dia, sabemos muito bem quem são nossos "verdadeiros" amigos: só podem ser os que fazem alguma coisa por nós. O mesmo princípio vale no campo da fé: a prova do amor do "verdadeiro" discípulo de Jesus consiste em ouvir e pôr em prática sua Palavra, observar seus Mandamentos (= tudo o que Jesus ensina no Evangelho). Na Bíblia, a palavra "conhecer" tem o sentido de "relacionar-se", de "amar". Eis, pois, o que diz São João: "Quem diz 'Eu conheço a Deus', mas não guarda seus mandamentos, é mentiroso, e a verdade não está nele. Aquele, porém, que guarda a sua palavra, nele o amor de Deus é consumado" (1 João 1,4-5). Qual é a contrapartida? Que o discípulo é amado por Jesus e pelo Pai! Não só: o Pai e Jesus fazem nele sua morada; a prova de sua presença em nós é o dom do Espírito Santo. Como se vê, ser discípulo de Jesus consiste em uma troca de amores e de entrega recíproca. Que assim seja em nossa vida!

A PAZ

Disse Jesus: "Deixo-vos a paz, a minha paz vos dou; mas não a dou como o mundo. Não se perturbe nem se intimide o vosso coração" (João 14,27).

A paz – na consciência, no coração, na vida – é dom de Jesus; sem ela, não haverá paz no mundo. Na tarde do dia de Páscoa, aparecendo aos discípulos no Cenáculo, a primeira palavra que Jesus dirigiu a eles foi esta: "A paz esteja convosco" (João 20,21). A paz de Jesus não é a que o "mundo" (= tudo o que se opõe a Deus) promete. A paz prometida pelo mundo é ilusória. O mundo oferece vários tipos de paz: a paz da dominação pelo dinheiro, pela política, pela vaidade, pela mentira, pela superficialidade da vida... Em particular, o mundo especializou-se em oferecer a paz do cemitério, fruto das armas e das guerras... Para nós, discípulos do Senhor, "Jesus é a nossa paz" (Efésios 2,14). A paz de Jesus nem sempre significa "tranquilidade de vida", pelo contrário. Pergunte aos Santos, pergunte aos Mártires se sua vida e morte foram tranquilas; no entanto, a paz do Senhor estava com eles. Diz o Livro da Sabedoria: "As almas dos justos estão nas mãos de Deus... eles estão na paz" (Sabedoria 3,1.2). Que a paz do Senhor esteja sempre com você!

A VIDEIRA

Disse Jesus: "Eu sou a videira e vós os ramos. Aquele que permanece em mim, e eu nele, esse produz muito fruto; porque sem mim nada podeis fazer" (João 15,6).

Em uma árvore, se o ramo não ficar ligado ao tronco, secará e morrerá, pois é o tronco que lhe fornece a seiva da vida. Jesus é o "tronco", e nós somos seus "ramos". Pelo batismo, somos "enxertados" em Jesus e começamos a viver de sua Vida divina; pelo pecado, nós mesmos nos "arrancamos" do tronco que é Jesus... e morremos para Deus. Assim como de um animal não se pode exigir que viva como os seres humanos, da mesma forma, no campo da Vida divina, o ser humano nada pode fazer sozinho. São Paulo ensina: "É Deus que produz em vós tanto o querer como o fazer" (Filipenses 2,13). Nós não somos o tronco da Vida, o tronco é Jesus; nós somos ramos, que precisam permanecer unidos ao tronco, se não quiser secar. É assim que, na Vida divina, a nós cabe manter-nos unidos a Jesus, estar continuamente prontos a colaborar com Ele, do contrário... não só não produziremos frutos, mas seremos ramos secos. Vamos dar uma olhadinha em nós mesmos: que tipo de ramo somos? E onde estão nossos frutos?

O AMOR

Disse Jesus: "Como meu Pai me amou, assim também eu vos amei. Permanecei no meu amor" (João 15,9).

Quando os seres humanos geram um filho, eles transmitem ao novo ser humano todo o seu amor: o bebê se forma, cresce e nasce envolvido na "fofura" do amor de seus pais. Mas isso não basta: é também preciso que esse amor "envolva", em todo tempo e lugar, o filhinho que se mexe, que gatinha, que caminha, que cresce, que apronta, que começa a sair de casa... Se os pais se desligarem dele, ele poderá perder-se, machucar-se, até morrer. E, se o filho pretender desfazer-se do "olhar amoroso" dos pais para "se virar" sozinho..., quantas lágrimas e até tragédias! No plano da fé, acontece o mesmo. O Pai ama Jesus, que é seu Filho; Jesus me ama com o mesmo amor com que Ele é amado pelo Pai e com que Ele ama o Pai, Amor, que é o próprio Espírito Santo. É com esse amor que eu devo – sim, devo! – amar meus irmãos, conforme reza o primeiro mandamento da Lei de Deus. Nessa altura, porém, devo perguntar a mim mesmo: eu permaneço sob o "olhar amoroso" de Deus ou pretendo me "virar" sozinho? É sempre tempo de voltar ao abraço do Pai e "permanecer" no amor de Jesus.

DAR A VIDA

Disse Jesus: "Este é o meu mandamento: amai-vos uns aos outros, assim como eu vos amei. Ninguém tem amor maior do que aquele que dá sua vida pelos amigos" (João 15,12-13).

Que desafio! Fomos criados pelo Amor e para o amor. No entanto é preciso que Jesus nos "mande" amar... Para nos ensinar como amar, Ele dá a lição, que está sintetizada na Cruz: nela, Jesus está pregado de braços abertos, para apertar em seu abraço toda a humanidade; nela, Jesus está de coração aberto, para que todo pecador entre à procura de misericórdia. Para nós, discípulos do Senhor, o mandamento de Jesus é nítido: "como eu vos amei" e "ninguém tem amor maior do que aquele que dá sua vida pelos amigos". "Nós amamos, porque ele nos amou primeiro... E este é o mandamento que dele recebemos: quem ama a Deus, ame também seu irmão" (1 João 4,19.21). Jesus, por sua vez, interpela-nos: "Vós sois meus amigos, se fizerdes o que eu vos mando" (João 15,14). Diante de Jesus, pregado na cruz e de coração varado pela lança, façamos esta pergunta: daria eu a "vida" por alguém... eu que não sou capaz perdoar uma leve indelicadeza, que guardo rancor por uma pequena ofensa, que até alimento algum ódio no coração?

O MUNDO

Disse Jesus: "Se o mundo vos odeia, sabei que primeiro me odiou a mim. Se fôsseis do mundo, o mundo gostaria daquilo que lhe pertence. Mas, porque não sois do mundo... o mundo, por isso, odeia-vos... Se perseguiram a mim, também perseguirão a vós" (João 15,18-20).

Como hoje são verdadeiras essas palavras! Todos sabem ou é bom que saibam que houve mais mártires cristãos durante o século 20 e os inícios do século 21 do que durante todos demais séculos da Igreja, isto é, desde o começo do cristianismo. O papa São João Paulo II afirmou repetidamente que a Igreja se tornou uma Igreja de mártires. Hoje assistimos às muitas perseguições religiosas no mundo, principalmente de católicos, mas também de cristãos de outras denominações. Cresce, a olhos vistos, o número de mártires que testemunham com a vida o anúncio e a vivência do Evangelho. De fato, não há possibilidade de acordo entre Cristo e o "mundo" (= tudo o que se opõe a Deus). Jesus foi claro: "Quem não está comigo é contra mim; e quem não ajunta comigo espalha" (Mateus 12,30). Às vezes, acabamos fazendo o jogo do mundo: acendemos uma vela a Deus e outra ao diabo... em uma espécie de traição. Acontece isso com você?

O TESTEMUNHO

Disse Jesus: "Quando vier o Defensor que eu vos mandarei da parte do Pai, o Espírito da Verdade, que procede do Pai, ele dará testemunho de mim. E vós também dareis testemunho, porque estais comigo desde o começo" (João 15,26-27).

Jesus chama o Espírito Santo de "Defensor" – Advogado, Consolador – porque Ele nos protege, defende-nos, reanima-nos nos momentos de nossa fraqueza; aliás, em qualquer tempo de nossa vida, para que sejamos seus autênticos discípulos e seguidores. Ele chama-o também de "Espírito da Verdade", porque nos faz "compreender" o sentido exato e verdadeiro das palavras de Cristo e tudo o que fez por nós. Nisso consiste o testemunho que o Espírito Santo dá de Jesus. Como consequência, também o discípulo deve dar testemunho de Jesus. De que modo? Procurando viver de acordo com tudo o que Ele ensinou e fez por nós. Só isso? Não! Significa também que todo discípulo deve ser missionário. Em outras palavras: não basta pensar na "própria salvação". Para ser autêntico discípulo, é necessário ajudar os outros a se tornarem discípulos de Jesus e a se encaminharem também eles pelo caminho do Evangelho da salvação.

O MALIGNO

Disse Jesus: O Espírito Santo "demonstrará ao mundo em que consistem o pecado, a justiça e o julgamento: o pecado, porque não acreditaram em mim; a justiça, porque vou para o Pai...; o julgamento, porque o chefe deste mundo (o Maligno) já está condenado" (João 16,8-11).

São João tem palavras muito duras a respeito do "mundo". Diz: "Nós sabemos que somos de Deus, ao passo que o mundo inteiro está no poder do Maligno" (1 João 5,19). Ainda: "Não ameis o mundo, nem o que há no mundo. Se alguém ama o mundo, não está nele o amor do Pai. Porque tudo o que há no mundo – o desejo da carne, o desejo dos olhos e a ostentação da riqueza – não vem do Pai, mas do Mundo. Ora, o mundo passa, e também o seu desejo, mas aquele que faz a vontade de Deus permanece para sempre" (1 João 1,13-17). Ora, conforme as palavras de Jesus, o Espírito Santo mostrará que o pecado do mundo consiste: primeiro, em não ter acolhido na fé Jesus, enviado do Pai; em seguida, em ter sido injusto, por não acreditar que Jesus é a Verdade e a Vida, ao passo que o Pai deu razão ao Filho, ao ressuscitá-lo dos mortos; por fim, o julgamento consiste na derrota do Maligno: pela morte na cruz, Jesus arrancou o mundo das garras do diabo e da morte.

A VERDADE

Disse Jesus: "Tenho ainda muitas coisas a dizer-vos, mas não sois capazes de as compreender agora. Quando, porém, vier o Espírito da Verdade, ele vos conduzirá à plena verdade" (João 16,12-13).

Jesus começou sua Igreja com um grupinho de homens rudes e ignorantes; preparou-os por meio de suas palavras, seus gestos e suas atitudes; os apóstolos, porém, pouco entenderam do que Jesus falou ao longo de toda a pregação do Evangelho. Basta lembrar que, mesmo após sua ressurreição, eles lhe perguntaram: "Senhor, é este o tempo em que restaurarás o reino de Israel?" (Atos 1,6). Quer dizer que eles viam em Jesus um Messias "político", não o Salvador do mundo... É que as palavras do Mestre eram "sementes" que só iriam germinar no tempo previsto pelo Pai: esse tempo é o tempo do Espírito Santo, o tempo da Igreja. De fato, ao longo dos 20 séculos, a Igreja, guiada pelo Espírito Santo, foi "entendendo" melhor o que Jesus ensinou. Esta é a função do Espírito Santo: conduzir a Igreja à "plena verdade"; não só para que ela "compreenda" melhor as palavras de Jesus, mas sobretudo para que ela "viva" melhor de acordo com elas.

AS LÁGRIMAS

Disse Jesus: "Em verdade, em verdade vos digo: vós chorareis e vos lamentareis, mas o mundo se alegrará. Vós ficareis tristes, mas a vossa tristeza se transformará em alegria" (João 16,20).

Essas palavras traçam o roteiro de nossa vida de discípulos, não dos discípulos "de água doce", mas dos autênticos discípulos que não se deixam arrastar pelos caminhos mundanos. São palavras muito verdadeiras que se verificam ao pé da letra, sobretudo nos dias de hoje, quando Jesus Cristo volta a ser rejeitado e crucificado em muitas partes, enquanto o "mundo" se alegra, diverte-se, sente-se feliz com suas invenções tecnológicas, seu bem-estar... Se as palavras de Jesus são verdadeiras quanto às lágrimas de seus discípulos, por outro lado, elas despertam a fé e a esperança: sim, haverá lágrimas, mas a palavra final será uma palavra de alegria eterna. Na vida cristã, a fé e a esperança são estrelas que iluminam o caminho e estimulam os passos a dar. Sem fé e esperança, a vida conduz para baixo, para o pessimismo, o desânimo, a depressão, a falta de sentido e... até para o suicídio. Se houvesse mais fé e esperança, os psicólogos e psiquiatras teriam menos trabalho...

A ALEGRIA

Disse Jesus: "Eu hei de ver-vos novamente, e o vosso coração se alegrará, e ninguém vos poderá tirar a vossa alegria" (João 16,22).

Jesus prepara os apóstolos para a hora da Paixão; ao mesmo tempo, porém, dá-lhes a certeza da alegria da ressurreição. Essas palavras preparam também nosso coração para a vida com seus problemas, seus sofrimentos, seus desânimos. De fato, é assim: Jesus nos dá a certeza da alegria futura, certeza de que é o melhor remédio para os momentos difíceis. Uma das maiores certezas da vida dos discípulos de Jesus é saber que ele caminha conosco até o último dia, que está sempre a nosso lado para nos amparar, reanimar, levantar se tivermos caído; enfim, que ele é para sempre nosso companheiro de viagem. A outra certeza consiste em que, se tivermos sido fiéis, haverão de abrir-se diante de nós as portas de uma paz e alegria eternas, que ninguém nos poderá roubar e que durarão para sempre. O Livro do Apocalipse diz: "Ao vencedor, farei sentar-se comigo no meu trono, como também eu venci, e estou sentado com meu Pai, no seu trono" (Apocalipse 3,21). É pouca coisa? Por que desanimar?

COMO ORAR?

Disse Jesus: "Em verdade, em verdade eu vos digo: se pedirdes ao Pai alguma coisa em meu nome, ele vo-la dará. Até agora nada pedistes em meu nome; pedi e recebereis, para que a vossa alegria seja completa" (João 16,23-24).

A Carta aos Hebreus diz: "Todo sumo sacerdote é tomado do meio do povo e representa o povo em suas relações com Deus, para oferecer dons e sacrifícios pelos pecados" (Hebreus 5,1). Nosso Sumo Sacerdote, que experimentou todas as nossas fraquezas, menos o pecado, é Jesus Cristo. Como afirma São Paulo: "Há um só Deus e um só Mediador entre Deus e os homens, Jesus Cristo homem" (1 Timóteo 2,5). E como disse o próprio Jesus: "Ninguém vai ao Pai senão por mim" (João 14,6). E ainda: "O que pedirdes [ao Pai] em meu nome, eu o farei, a fim de que o Pai seja glorificado no Filho" (João 14,13). O Pai é a fonte de todo bem, e Jesus é o Mediador entre o Pai e nós, tanto para apresentar ao Pai nossos pedidos, quanto para nos conceder o que pedimos. Essa é a forma correta da oração. Não é sem razão que a oração oficial da Igreja sempre se termina dizendo: "Por Cristo Nosso Senhor". Aprenda a rezar com a Liturgia da Igreja.

AS TRIBULAÇÕES

Disse Jesus: "Eis que vem a hora – e já chegou – em que vos dispersareis, cada um para seu lado, e me deixareis só. Mas não estou só porque o Pai está comigo. Disse-vos estas coisas para que tenhais paz em mim. No mundo, tereis tribulações. Mas tende coragem! Eu venci o mundo!" (João 16,32-33).

A palavra de Jesus se verificou ao pé da letra a partir do Jardim das Oliveiras, na noite da traição de Judas, quando todos os apóstolos, menos João, abandonaram o Mestre. Depois Pedro foi se aproximando furtivamente, mas acabou por traí-lo três vezes... O fato é que a palavra de Jesus vale também para nós. Não é verdade que, às vezes, acontece de nos "dispersarmos" e deixarmos Jesus sozinho? Cabe aqui um exame de consciência e eventual arrependimento... Apesar de ocasionalmente o abandonarmos, ele nos promete a paz – "paz em mim" –, porque "ele é a nossa paz" (Efésios 2,14). Não faltarão tribulações, mas ele, que prometeu estar conosco até o último dia, venceu o mundo! São João diz: "Todo o que foi gerado de Deus vence o mundo. Esta é a vitória que venceu o mundo: a nossa fé" (1 João 5,4).

A VIDA ETERNA

Disse Jesus: "A vida eterna é esta: que eles te conheçam a ti, Pai, o único Deus verdadeiro, e àquele que tu enviaste, Jesus Cristo" (João 17,3).

Será que a vida eterna a que tanto aspiramos consiste somente em "conhecer" o Pai e o Filho? Não seria intelectual demais? Na Bíblia, "conhecer" tem o significado de "relacionar-se" entre pessoas, o que, na prática, significa "amar". Sim, a vida eterna consiste em ser amado por Deus e em amar a Deus e a todos em Deus. A vida eterna já começa neste mundo. Foi infundida em nós pelo Batismo, cresce e se desenvolve e desabrochará no paraíso. Nela, tudo se resume no amor; nela estão em jogo três amores que, na verdade, são um só: o amor de Deus por nós, nosso amor a Deus e nosso amor aos irmãos e às irmãs. Sim, tudo se reduz e se concentra no amor, pois "Deus é Amor" (1 João 4,8). Como disse Santo Agostinho: o Pai é o Amante, o Filho é o Amado, o Espírito Santo é o Amor. Se já neste mundo amar é tudo, e sem amor nada tem sentido, nada tem sabor, imaginemos como não deveremos ser amados e como amaremos na eternidade. Vida – vida verdadeira – é amor, tanto aqui, como lá! Quem não ama está morto, tanto aqui, como lá!

O INTERCESSOR

Jesus disse [orando pelos discípulos]: "Eu lhes dei a tua palavra, mas o mundo os rejeitou, porque não são do mundo, como eu não sou do mundo. Não te peço que os tires do mundo, mas que os guardes do Maligno" (João 17,14-15).

A contraposição entre a palavra de Jesus e o mundo, entre os discípulos que acolheram sua palavra e o mundo está na ordem do dia, é uma luta que terminará na cruz com seu aparente fracasso, mas que será vitoriosa no momento da ressurreição. Jesus não disse: "Quem não está comigo está contra mim" (Mateus 12,30)? Nem por isso, todavia, Jesus pede ao Pai que leve deste mundo seus discípulos, para preservá-los dos sofrimentos derivados dessa contraposição; de fato, quantos pagaram com a vida as perseguições do mundo! Jesus também não pede ao Pai que livre delas seus discípulos; pede que os preserve do Maligno, que é o senhor do mundo. Cair nas garras do Maligno ou ajoelhar-se diante dele significa voltar as costas a Jesus, ao Filho, ao Salvador. Que isso nunca aconteça! Nós, porém, temos a garantia da eficácia da oração do Senhor, pois, junto ao Pai, "ele vive intercedendo por nós" (Hebreus 7,25).

O TESTEMUNHO

Disse Jesus [em oração pelos discípulos]: "Pai santo, eu não te rogo somente por eles, mas também por aqueles que vão crer em mim pela sua palavra; para que todos sejam um como tu, Pai, estás em mim e eu em ti, e para que eles estejam em nós, a fim de que o mundo creia que tu me enviaste" (João 17,20-21).

Essas palavras da oração de Jesus ao Pai são muito confortadoras para nós: Ele reza pelos apóstolos e também por todos os que acreditarão na pregação deles: estes somos nós! Antes de abraçar a cruz, Cristo orou por todos nós, por todos aqueles em cujo favor haveria de sacrificar a própria vida. Em primeiro lugar, para que todos nos mantenhamos unidos a Ele, ao Pai e entre nós, pois nisto consiste a salvação: unidade/comunhão com Deus e com os irmãos, a ser vivida aqui na terra e depois em plenitude no céu. Em segundo lugar, para que o mundo, vendo nosso testemunho, acreditasse em Jesus e também quisesse participar da mesma comunhão, Jesus morreu "para congregar na unidade dos filhos de Deus dispersos" (João 11,52). Será que o mundo, olhando para nós, hoje, tão divididos, tão polarizados, vai acreditar?...

EU SOU REI

Disse Jesus: "O meu reino não é deste mundo... Eu nasci e vim ao mundo para isto: para dar testemunho da verdade. Todo que é da verdade escuta a minha voz" (João 18,36.37).

Prestes a morrer, Jesus, diante de Pilatos, dá testemunho de que ele de fato é rei: não, porém, deste mundo. Como diz o Prefácio da Missa de Cristo Rei, "Jesus é rei de um reino eterno e universal, reino da verdade e da vida, reino da santidade e da graça, reino da justiça, do amor e da paz". Hoje, muitos dedicam a própria vida ao reino do dinheiro, do poder, da dominação, do engano, da mentira... Esse não é o reino de Jesus; pelo contrário, é obra do Maligno, como disse Ele aos que rejeitavam a Verdade que anunciava: "Vós tendes como pai o diabo e quereis fazer o que vosso pai deseja. Ele era homicida desde o princípio e não permaneceu na verdade, porque nele não há verdade. Quando ele fala mentira, fala o que é próprio dele, porque ele é mentiroso e pai da mentira" (João 8,44-45). Pilatos perguntou desdenhosamente a Jesus: "O que é a Verdade?" (João 18,38). É a pergunta que o mundo faz ainda hoje. Para nós, é fácil responder. Jesus disse: "Eu sou a Verdade!" (João 14,6).

TENHO SEDE!

Disse Jesus: "Tenho sede... Tudo está consumado" (João 19,28.30).

Jesus está para se entregar nas mãos do Pai em meio a horríveis tormentos. Nessa hora suprema, de certa forma, Ele se contradiz: como pode dizer que "tudo está consumado", se ainda murmura: "Tenho sede"? A obra da Redenção, de fato, por parte de Jesus, está consumada: nada mais há a fazer, a não ser esperar a glória da ressurreição. Por outro lado, a Redenção deve ser levada até os confins do mundo pelos apóstolos e por todos os discípulos e discípulas de Jesus: neste sentido, está longe de estar consumada... Não sem razão, Jesus continua a murmurar: "Tenho sede". Essa sede só será saciada no fim dos tempos, quando Jesus "entregar o reino a Deus e Pai... Pois é preciso que Ele reine, até que Deus ponha todos os seus inimigos debaixo de seus pés. O último inimigo a ser destruído é a morte" (1 Coríntios 15,24.25-26). Até lá vigora o mandato de Jesus aos seus: "Ide e fazei discípulos todos os povos, batizando-os em nome do Pai, do filho e do Espírito Santo. Ensinai-os a observar tudo o que vos mandei" (Mateus 28,19-20). Esse é o mandato que compromete todo o Povo de Deus, toda a Igreja, também você!

O PERDÃO

Disse Jesus [aos apóstolos na tarde da Páscoa]: "A paz esteja convosco. Como o Pai me enviou, eu também vos envio... Recebei o Espírito Santo. A quem perdoardes os pecados serão perdoados" (João 20,21.22-23).

Esse foi o primeiro Pentecostes dos apóstolos. Em primeiro lugar, concede-lhes o grande dom de sua Redenção, de sua Ressurreição: a paz! Em seguida, cumpre a promessa de comunicar-lhes o Espírito Santo, o Espírito da Verdade, o Defensor, o Consolador. Como consequência, confia-lhes também o poder de perdoar os pecados: coisa inaudita, homens poderem perdoar pecados..., precisamente porque o Espírito Santo é o Espírito da Verdade (ao contrário do Maligno, que é o espírito da mentira), ele é o próprio "perdão dos pecados", como reza a Liturgia da Missa no sábado anterior à festa de Pentecostes. Onde há Espírito Santo, só pode haver "santidade". Assim, Jesus concede aos apóstolos o poder de também eles comunicarem o Espírito Santo, purificando os corações dos que se arrependem. Que maravilha! Como é admirável o Sacramento da Reconciliação (Confissão) para quem se aproxima dele com fé: é um verdadeiro Pentecostes!

O AMOR

Disse Jesus [a Simão Pedro]: "Simão, filho de João, tu me amas?" Pedro ficou triste, porque Jesus perguntou três vezes se ele o amava. Respondeu: "Senhor, tu sabes tudo, tu sabes que eu te amo" (João 21,17).

Essa pergunta foi fundamental para Pedro: da resposta dada por ele dependeu a confiança que Jesus depositou nele para fazê-lo Pastor de seu "rebanho", o Povo de Deus, a Igreja. Essa pergunta é fundamental também em nossa vida de discípulos. Imaginemos que Jesus a faz a nós neste momento: respondamos com sinceridade. Na vida cristã, tudo, tudo mesmo, depende dessa resposta. Conforme nosso grau de amor à pessoa de Jesus, também saberemos evitar tudo o que é contra o Evangelho, bem como o seguir com sua cruz em qualquer tempo e lugar. Há pessoas que, por ignorarem essa verdade, fazem esforços até extraordinários para serem bons cristãos, no entanto estão sempre patinando... Por quê? Porque não compreenderam que o Caminho, a Porta, é Jesus e que tudo depende de estar em comunhão com Ele pelo amor. Ele não disse: "Sem mim, nada podeis fazer" (João 15,5)?

OS LIVROS

O fim do Evangelho de São João diz assim: "Jesus fez ainda muitas outras coisas, mas, se fossem escritas todas, penso que não caberiam no mundo os livros que deveriam ser escritos" (João 21,25).

Nem tudo os evangelistas e demais apóstolos escreveram a respeito de Jesus. Por outro lado, faz 20 séculos que não se para de escrever sobre Ele: a favor e contra. Sobre Jesus, há livros e "livros". Mais que os livros "escritos", têm importância os "livros" vividos, os livros "vivos", isto é, os santos. O testemunho de quem vive o Evangelho é um tipo de "livro" que até os que são analfabetos conseguem ler. O testemunho de um santo com frequência fala mais alto, impressiona mais, move mais à conversão do que um livro de papel ou virtual. A vida das pessoas santas é um verdadeiro "quinto" Evangelho: nelas vive o próprio Jesus. Às vezes, nós andamos à procura de conhecer esta ou aquela pessoa que dizem que é santa... Queremos ver como ela é, o que ela diz, se faz algum milagre... Existem muitas pessoas santas no mundo, embora não sejam famosas, embora não façam milagres. São santas porque praticam o Evangelho. Quem me dera ser eu também um "quinto" Evangelho!

JUNTO À MÃE DE JESUS

São João escreveu: "Jesus, ao ver sua mãe e, ao lado dela, o discípulo a quem amava, disse à mãe: 'Mulher, eis o teu filho!' Depois disse ao discípulo: 'Eis tua mãe!'" (João 19,26-27).

Saltando pela única vez a ordem dos capítulos, é com essas palavras enternecedoras que desejo encerrar a "caminhada" que fizemos, neste livrinho, em companhia de Jesus, percorrendo os quatro Evangelhos, procurando ouvir e acolher sua palavra e seguir seus passos. Convido você, caro leitor, querida leitora, a se colocar "junto à Mãe de Jesus" no Calvário e a rezar comigo: Ao pé da cruz de Jesus estava eu também, Maria. Também por mim, pobrezinho, teu Filho derramou todo o sangue. Também por mim seu coração bateu amorosamente. Também a mim Ele apontou quando te disse: "Eis aí o teu filho!" Também a mim ele disse, apontando para ti: "Eis aí a tua mãe!" Eu sei, Maria, que em teu coração há um lugar para mim. O que eu nem sempre sei é ficar nesse lugar. Tu também sabes, Maria, que minha casa é a tua. E tu não és mãe que abandona a casa dos filhos. Quero que fiques comigo, Senhora. Quero ficar contigo, agora e na hora de minha morte. Amém.